Eva Seith

Die Essener-Engel

Bewusstseinsarbeit mit den Essener-Meditationen

Textbuch

Hinweis

Der Inhalt dieses Buches wurde von der Autorin sorgfältig recherchiert und geprüft. Eine Garantie auf Richtigkeit kann dennoch nicht übernommen werden. Die Autorin fordert alle Leser:innen ausdrücklich auf, alles zu hinterfragen und stets anhand der eigenen Erkenntnisarbeit zu prüfen. Die nachfolgenden Informationen sind nicht wissenschaftlich erwiesen und ersetzen nicht die Beratung eines Arztes oder Therapeuten. Eine Haftung des Verlages oder der Autorin ist ausgeschlossen.

Eva Seith

DIE ESSENER ENGEL

Bewusstseinsarbeit mit den Essener-Meditationen

Bücher haben feste Preise.
1. Auflage 2024

Eva Seith
Die Essener-Engel

Umschlag:
Illustration: Eva Seith
Gestaltung: Dragon Design, GB

Satz und Gestaltung:
Dragon Design, GB
Gesetzt aus der Minion

Gesamtherstellung: Midas Printing International
Printed in China

ISBN 978-3-89060-867-9

Neue Erde GmbH
Cecilienstr. 29 · 66111 Saarbrücken
Deutschland · Planet Erde
www.neue-erde.de

Gewidmet allen Brüdern und Schwestern im Geiste, die diesen einzigartigen Wandel friedlich und lichtvoll unterstützen, und unabhängig von Raum und Zeit einander die Hände reichen.

Inhalt

Einleitung

Hallo, ich bin Eva und ich möchte dich ein Stück mitnehmen auf den Weg der Bewusstseinsarbeit, dem Pfad des inneren Wachstums.

Wir alle stehen heute vor der Herausforderung, uns frei für die Liebe, die Wahrheit und die Brüderlichkeit zu entscheiden, um diese Welt in den notwendigen Heilungsprozess zu bringen.

Wenn du dieses Buch in Händen hältst, bist du bereits auf dem Weg deiner ganz persönlichen Heldenreise. Auf dieser Reise bist du dein eigener Königsohn, der sich aufmacht, die Dornenhecke zu durchbrechen, um sein höheres Selbst, seine Prinzessin, im Turm wachzuküssen und den Fluch der dunklen Fee zu brechen. Durch die Heirat von Herz und Verstand entsteht ein neues Königreich, in dem du für immer in Frieden leben kannst.

Erkennst du das Märchen von Dornröschen? In allen Märchen finden wir verschlüsseltes Mysterienwissen. Sie erzählen vom Weg des Menschen und seiner Bestimmung, von Schulungs- oder Einweihungswegen, die früher nur von wenigen beschritten werden konnten und heute allen Menschen offenstehen. Märchen sind nur eines von vielen Medien, in denen die Weisheit bewahrt wird. Das Wissen um unseren Ursprung als geistige Wesen, von dem wir mit dem Fall aus dem Paradies getrennt wurden, wurde über viele Jahrtausende von verschiedenen Hütern und Hütergemeinschaften im Geheimen bewahrt. Nun ist die Zeit gekommen, in der es allen Menschen erneut offenbart wird. Die Zeit des Erinnerns und des großen Erwachens aus der Illusion von Materie, Sünde und Leid, in der jeder sich bewusst und frei entscheiden darf: für Freiheit und Verantwortung oder Gebundenheit und Gehorsam.

Das Wort »Sünde« stammt aus dem Altgermanischen und hat seine Wurzeln im Wort »sundō«, was so viel wie »Trennung« oder »Absonderung vom Göttlichen«, der göttlichen Wahrheit, bedeutet.

Sei auf deiner Heldenreise unbedingt ehrlich, liebevoll und geduldig mit dir. Jeder von uns stolpert hin und wieder. Das ist in Ordnung. Dass du dich auf den Weg gemacht hast, ist ein Geschenk für alle. Allein darauf kommt es an.

Bewusstseinsarbeit bedeutet zu lernen, dass der Raum, den du mit Weisheit füllst, mit jeder Erkenntnis größer wird, statt zu schrumpfen.

Im nachfolgenden Text findest du Worte, die dem Bewusstsein der Menschen entsprechen, zu deren Lebzeiten sie verfasst und überliefert wurden. Es ist wichtig, diese Worte im entsprechenden geschichtlichen Zusammenhang zu sehen, da unser gegenwärtiges rationales Begriffsverständnis das Bild in ihnen nicht mehr erkennen kann. Das *Paradies* zum Beispiel ist kein Ort, wie allgemein angenommen wird, sondern ein Geisteszustand.

Auf dem Weg zur Wahrheit ist es wichtig, wachsam zu sein, denn wir müssen ständig die Mitte finden zwischen übersteigertem Idealismus, der uns verbrennt, und übertriebenem Materialismus, der uns lähmt.

Gott hat uns im Paradies die Freiheit und damit die Wahl geschenkt, den Weg der Erkenntnis zu gehen, um selbst Schöpfer zu werden, oder für immer eines seiner Geschöpfe zu bleiben, die eingebunden in die kosmischen Gesetze keinem eigenen

Willen folgen. Die Menschheit hat sich entschieden, frei zu werden, und musste daraufhin das Paradies verlassen. Nicht als Strafe, sondern um den Unterschied zwischen Geschöpf und Schöpfer zu erforschen. Ohne die Erfahrung von Unfreiheit und Leid kann der Wert von Freiheit nicht erkannt werden und nicht die Verantwortung, die mit ihr einhergeht.

In der aktuellen Zeit, dem Beginn des 21. Jahrhunderts, steht die zweite Entscheidung an, die die erste bestätigt oder widerruft. Nach göttlichem Gesetz darf nur frei sein, wer seine Freiheit verantwortungsbewusst zum Wohle aller Geschöpfe des Universums einsetzt. Das ist nur möglich, wenn der Egoismus überwunden wird und der Antrieb aller Schöpferwesen bedingungslose Liebe ist.

Für diese Liebe kann man sich nur entscheiden, wenn man weiß oder erfahren hat, wie sich Egoismus anfühlt. Um uns gegen den Egoismus zu entscheiden, müssen wir nicht nur wissen, wie gut es sich anfühlt, von unserem eigenen Egoismus zu profitieren, sondern auch, wie furchtbar es schmerzt, unter dem Egoismus anderer zu leiden.

Dieses Geschenk der freien Wahl hat nur der Mensch erhalten, ein Tier oder eine Pflanze hat diese Freiheit nicht. Sie sind in die Schöpfung eingebunden und müssen darauf vertrauen, dass ihrem Schöpfer ihr Wohl am Herzen liegt. Sie können nur innerhalb der kosmischen Gesetze wirken.

Wir leben in einer einzigartigen Zeit, und du darfst dabeisein! Wir erleben eine Zeitenwende, die in der Entwicklung der Menschheit einzigartig ist. Das ist keine zyklische Wende. Sie wird sich nicht wiederholen. Bist du bereit? Jetzt liegt es an dir, deine Entscheidung zu treffen.

Die Menschheit ist erwachsen geworden. In der niedrigstschwingenden Dimension angekommen, in der freies Bewusstsein möglich ist, haben wir den festesten Körper und die materialistischste, egoistischste Geisteshaltung.

Wir kennen das aus der Physik: Irgendwann kippt ein Zustand, weil eine weitere Ausdehnung oder Verfestigung nicht mehr möglich ist. Genau das passiert in der Gegenwart mit dem Bewusstsein des Menschen, mit seiner Freiheit zur Wahl.

Wie es sich anfühlt, wenn Freiheit missbraucht wird, haben wir in vielen Zeitaltern erfahren. Jetzt geht es darum, die Entscheidung, die wir im Paradies getroffen haben, ohne uns der Konsequenzen bewusst zu sein, bewusst zu bekräftigen oder aufzuheben.

Hab keine Angst, die Welt wird nicht untergehen, aber sie wird sich grundlegend ändern. Die Menschheit spaltet sich, in die,

- die dem Christusimpuls, der Liebe und Brüderlichkeit nachfolgen und die,
- die dem anti-christlichen-Impuls, dem Egoismus und der Gier folgen.

So seltsam es uns aus menschlicher Sicht erscheinen mag: Es gibt dabei keine richtige oder falsche Wahl, nur eine freie.

Alle Wesen der geistigen Welt schauen auf uns und warten auf unsere Entscheidung. Sie warten darauf, dass wir ihnen aus freiem Willen die Hand reichen und uns bewusst wieder mit unserem geistigen Ursprung verbinden. Ich sage hier bewusst »warten« und nicht »erwarten«!

Um dich in diesem Entscheidungsprozess zu unterstützen, habe ich die beiliegenden einundzwanzig Karten geschaffen.

2019 führte mich mein Weg zu den Essener-Meditationen in der Übersetzung von Dr. E. Bordeaux Székely (Verlag Neue Erde). Seitdem begleiten mich die Essener-Engel. Ein Schleier fiel durch diese wunderbaren Texte von meinen Augen und lang verschüttete Kanäle wurden freigelegt. Die Verbindung zu diesen Wesen, die ich seit meiner Jugend vermisst hatte, war wie durch ein Wunder wieder da, stärker als je zuvor, und jetzt bin ich bereit, zu tun, wofür ich gekommen bin!

Wie von selbst begann ich das, was ich während des Lesens der Meditationen vor meinem inneren Auge wahrnahm, auf den Bildschirm zu bannen, und ich konnte nicht aufhören, bis alle Karten fertiggestellt und dieses Buch geschrieben war. Niemand war erstaunter über die Bilder, die ich komponiert habe, als ich selbst, und ich kann dir versichern, dass kein Detail in ihnen zufällig ist.

Diese Karten sind keine Orakelkarten, auch wenn sich Parallelen zu den großen Arkana des Tarot ziehen lassen. Sie sind visuelle Helfer, Wegbegleiter, Arbeitskarten. Sie können helfen, schneller ins Gebet oder in die Meditation zu finden oder ganz ohne Text Zugang zu der göttlichen Weisheit zu finden, die in uns allen verborgen liegt.

Wissen ist nicht Weisheit. Wissen verändert sich, es wird aktualisiert, erweitert und manchmal im Laufe der Zeit widerlegt. Weisheit ist unveränderlich, sie ist ewig. Weisheit beruht auf Wahrheit, auf den göttlichen Prinzipien und Urkräften, die wir auch Engel nennen!

Die Bewusstseinsentwicklung des Menschen vom Fall aus dem Paradies zum tiefsten Punkt des Materialismus, über den Aufstieg ins neue Paradies, ist die Entwicklung vom Unwissen

(Glauben/Emotion) über das Wissen (Verstehen/Naturwissenschaft) zur Weisheit (Erkennen/Geisteswissenschaft). Es ist der Weg der Läuterung (Schmerz), der Bewusstwerdung (vom Ego über das *Ich* zum höheren Selbst) und der Erleuchtung (Einweihung/Offenbarung der Wahrheit).

Du kannst dir im Zuge deiner Bewusstseinsarbeit eine Engelkarte auf den Tisch stellen oder in die Hand nehmen. Allein die Betrachtung kann helfen, in die Schwingung der Kraft und des Wesens dahinter einzutreten. Die Engel können dir helfen, dein schöpferisches Potential zu erkennen und zu entfalten und der göttlichen Weisheit und Wahrheit jenseits des fragmentarischen Wissens deiner Zeit wieder näherzukommen.

Beginne mit dem Hineinspüren in die Gesamtkomposition aus Farben und Formen.

Welches archaische Gefühl löst die Komposition in deinem Unterbewusstsein aus? Was nimmst du tief in deiner Seele wahr? – Eine Bewegung, einen Ton, ein Wort, eine Melodie, einen Vokal, einen Konsonanten, ein Bild …? Erinnere dich!

Nun tauche aus den Tiefen deiner Seele auf, bewahre das Gefundene und füge ihm die Begriffe hinzu, die dir dein Verstand eingibt, und die Bedeutungen, die dein Intellekt ihnen zuordnet.

Schließlich richte deine Aufmerksamkeit auf die Bilder und Symbole auf der Karte und du wirst drei Dinge entdecken:

1. Das, was du mit deinen physischen Augen auf der Karte sehen, aber weder erinnern noch erklären kannst. Das möchte von dir erforscht werden.
2. Das, was du bereits erinnerst, aber noch nicht erklären kannst. Das möchte von dir erfahren werden.

3. Das, was du bereits erklären kannst, aber noch nicht lebst.
   Das möchte von dir erkannt werden.

Nun lege ich diese Texte und Bilder vertrauensvoll in deine Hände und wünsche dir mit ihnen eine Reise voller Wunder.

In Liebe und Dankbarkeit, Eva.

Die Essener Engelkarten im Überblick

»Gott möchte dich frei sehen,
aber er zwingt dich nicht,
es zu sein.«
Eva Seith

Die Essener-Engel sind eine Sammlung von Meditationstexten der Essener-Gemeinschaft, die als Wiege des Urchristentums gilt und antikes Mysterienwissen bewahrte. Ihre Existenz in den Archiven des Vatikans, wo sie Edmund Bordeaux Székely Anfang der 1920er Jahre fand, übersetzte und Anfang der 1930er Jahre erstmalig veröffentlichte, wurde lange geleugnet, bis 1947 Fragmente davon in den Schriftrollen vom Toten Meer (Qumranrollen) wiederentdeckt wurden. Bis heute wird die Echtheit der Schriften immer wieder von Theologen und Wissenschaftlern angezweifelt, während andere sie bestätigen. Warum? Weil die Menschheit kollektiv an dem Punkt des göttlichen Weltenplans angekommen ist, an dem die Dunkelheit ihre Macht verliert und das Licht zurückkehrt. Ich möchte jedem von euch unbedingt ans Herz legen, die Originalübersetzungen der Essener-Meditationen von E.B. Székely zu lesen. Dieses Buch zeugt einzig von den Erkenntnissen, die ich selbst in 35 Jahren spiritueller Praxis gesammelt habe. Es ersetzt nicht das Wissen, das sich dir durch die originalen Meditationstexte innerhalb deines Bewusstseins und deines Lebensplans offenbaren kann.

Was hat es also auf sich mit den Essener-Engeln?

Leben und Alltag der Essener waren geprägt von ihrem umfassenden Schöpfungs- und Heilwissen, das sie auf 14 kosmische

Urkräfte zurückführten, die sie ihrer Zeit entsprechend als Engel bezeichneten.

14 Engel und 7 Friedensmeditationen ordneten jeden Tag der Woche:

- 7 Morgenmeditationen zur Verbindung mit den elementaren Kräften der Erdenmutter,
- 7 Abendmeditationen zur Verbindung mit den geistigen Kräften des Himmelsvaters,
- 7 Mittagsbetrachtungen für den Frieden in uns und mit unseren Mitmenschen.

Die Essener waren davon überzeugt, dass Krankheit und Unfrieden durch ein Ungleichgewicht dieser Kräfte im Denken, Fühlen und Handeln des Menschen verursacht werden. Ihr ganzes Streben war darauf ausgerichtet, dieses Gleichgewicht in Körper, Geist und Seele wiederherzustellen.

Die 21 Karten mit den Essener-Engeln sind visuelle Helfer, um sich den 14 kosmischen Kräften der Erde und des Himmels sowie der 7-fachen Energie des Friedens zu nähern und sich ihres Wirkens in uns bewusst zu werden. Das Erkennen, Annehmen und Befrieden der eigenen Schatten, führt uns durch den Prozess der Läuterung, um in Zeiten des äußeren Umbruchs inneren Frieden zu finden. Die Karten richten sich an alle Menschen, die ihre Spiritualität entdecken und aktiv im Alltag leben möchten, ihr Bewusstsein entwickeln und ihr schöpferisches Potential entfalten wollen. Die Kombination aus Karten und Buch ermöglicht einen ganzheitlichen Zugang zur Bewusstseinsarbeit mit den Engeln, der sowohl für Anfänger als auch für Fortgeschrittene geeignet ist.

Tag	*Morgenmeditation*	*Mittagsmeditation*	*Abendmeditation*
Samstag	Erdenmutter	Friede mit dem Reich des Himmelsvaters	Himmelsvater
Sonntag	Engel der Sonne	Friede mit dem Körper	Engel der Kraft
Montag	Engel des Wassers	Friede mit dem Geist	Engel der Liebe
Dienstag	Engel der Luft	Friede mit der Bruderschaft	Engel der Weisheit
Mittwoch	Engel der Erde	Friede mit der Menschheit	Engel des Ewigen Lebens
Donnerstag	Engel des Lebens	Friede mit der Weisheit aller Zeiten	Engel der schöpferischen Arbeit
Freitag	Engel der Freude	Friede mit dem Reich der Erdenmutter	Engel des Friedens

Die Essener-Meditationen oder -Kommunionen entspringen einem tiefen Wissen um die göttlich geistigen Urkräfte, die aller Schöpfung zugrunde liegen. Der Mensch stand für die Essener zwischen Himmel und Erde, wo er als Wesen der Mitte um Gleichgewicht ringt. Dieses tiefe spirituelle Wissen wandten sie auf alle drei Wesensglieder des Menschen (Körper, Seele und Geist) an und erzielten mit diesem ganzheitlichen Ansatz für ihre Zeit an Wunder grenzende Heilerfolge.

Jetzt ist die Zeit, diese Kräfte neu zu entdecken und den Engeln bewusst die Hand zu reichen. Dafür habe ich diese Karten geschaffen. Sie können helfen, besser in die Energie der Engel einzutauchen und sich ihr vertrauensvoll zu öffnen. Die Arbeit mit diesen 21 spirituellen Schlüsseln ermöglicht Quantensprünge im Bewusstsein. Sie gleicht einem spirituellen Schulungsweg, wie er in früheren Zeitaltern nur den Adepten eines Tempels zugänglich war. Es ist der Weg des 7-fachen Friedens zwischen Fall und Aufstieg, vom Geschöpf zum Schöpferwesen.

Heute steht dieses Wissen allen Menschen zur Verfügung. Jeder einzelne ist aufgerufen, sich den geistigen Kräften in sich und aus sich selbst heraus bewusst zuzuwenden und sie zu ergreifen. Wer bereit ist, diese Arbeit zu leisten, kann sein Bewusstsein in die Schwingung der neuen Zeit erheben, sich aus der Versklavung des Materialismus befreien und sich vom Geschöpf zum freien Schöpferwesen emporschwingen.

Die Arbeit mit den Essener-Engeln ist ein Weg der Selbstheilung und des Ganzwerdens, der uns in uralten natürlichen Rhythmen durch die Woche trägt. Jedem Engel ist ein Wochentag zugeordnet, was das tiefe Verständnis der Essener für alle kosmischen Zusammenhänge offenbart. Jeder Tag begann morgens mit den Engeln der Mutter Erde, um sich auf das tägliche Leben vorzubereiten. Mittags widmeten sie sich den Friedensbetrachtungen und abends stimmten sie sich mit den Engeln des Himmelsvaters auf ihre nächtliche Reise in die geistige Heimat ein.

Auf diese Weise übten sie sich bewusst und kontinuierlich darin, sich gleichermaßen zu erden, wie spirituell zu erheben. Jede Abkehr von den geistig-schöpferischen Prinzipien führt unweigerlich zu Ungleichgewicht, Krankheit und Unfrieden. Das sogenannte Böse entsteht nach Auffassung der Essener erst durch liebloses Denken, Reden und Handeln des Menschen, im göttlichen Ursprung existiert es nicht.

Aus diesem Grund war es ihr wichtigstes Lebensziel, in sich selbst ein Gleichgewicht aller Kräfte zu schaffen und sich täglich in liebevollem, hoffnungsvollem und friedlichem Denken, Kommunizieren und Handeln zu üben, damit sich der Frieden in der Welt verbreiten kann. Für diese Haltung und ihren selbstlosen heilenden Dienst an den Menschen wurden sie, trotz ihres isolierten Lebens in autonomen Gemeinschaften, von der Bevölkerung geachtet.

Jetzt ist die Zeit des Erinnerns angebrochen. Heute, mehr als 2000 Jahre nach Christi Erdenleben, beginnt die Zeit seiner Wiederkunft in uns. In der Bewusstseinsarbeit mit den Essener-Engeln können wir sein Licht in uns entzünden und zu einer kollektiven Flamme der Erneuerung werden lassen, die uns und die Erde heilt. Es ist das Feuer der wahren Liebe und der aus ihr entspringenden Schöpferkraft.

Stellen wir die Engel der Erdenmutter und des Himmelsvaters anhand der Wochentage gegenüber, erwarten wir, dass der Engel des Lebens und der Engel des Ewigen Lebens sich spiegeln. Mit Erstaunen stellen wir fest, dass die Essener dem Engel der Erde das ewige Leben gegenüberstellten und dem Engel des Lebens den Engel der schöpferischen Arbeit.

Mittwoch	Engel der Erde	Engel des ewigen Lebens
Donnerstag	Engel des Lebens	Engel der schöpferischen Arbeit

Erst durch den tiefen Einblick in die göttliche Wahrheit, den uns die Bewusstseinsarbeit mit den Engeln ermöglicht, beginnen wir zu verstehen, wie weise diese Zuordnung ist. Denn die 6 Engel, die dem Vater und der Mutter zugeordnet werden, teilen sich wie folgt auf:

Erdenmutter
Je vier Engel stellvertretend für die reinen irdischen Elemente:

- Engel der Sonne (Feuer)
- Engel des Wassers
- Engel der Erde
- Engel der Luft

und je zwei Engel für die Bewusstseinszustände, die der Mensch durch die Herstellung des Gleichgewichts dieser Elemente in seiner Seele erschaffen kann:

- Engel des Lebens (Gesundheit)
- Engel der Freude (Urvertrauen in die göttliche Ordnung = Glück = Zufriedenheit)

Bringen wir die vier Elemente in uns ins Gleichgewicht, entstehen Gesundheit im Körper (Engel des Lebens) und Vertrauen in der Seele (Engel der Freude). Dies sind die höchsten und reinsten Seinszustände, die wir als inkarnierte Seele durch die Harmonisierung der irdischen Kräfte erreichen können.

Himmelsvater
Je vier Engel stellvertretend für die reinen geistigen Prinzipien des Kosmos:

- Engel der Kraft (Wille/Tat)
- Engel der Weisheit
- Engel des Friedens
- Engel der Liebe

und je zwei Engel für das Bewusstsein, dass der Mensch durch Überwindung des Egoismus, Läuterung seiner Schatten und

Erkennen der Wahrheit im Geiste im inkarnierten Leben erreichen kann:

- Engel der schöpferischen Arbeit (Berufung)
- Engel des Ewigen Lebens (Glückseligkeit)

Gründet unser Denken auf Liebe, unser Fühlen auf Frieden und unser Handeln auf Weisheit, so erlangen wir Zugriff auf unser wahres Potential. Dies beendet den Beruf und führt uns zur Berufung (Engel der schöpferischen Arbeit). Es kann den Kreislauf der Inkarnationen beenden und ewiges Leben (Glückseligkeit) im Geiste schenken.

Glückseligkeit ist ein anderer Begriff für Erleuchtung. Glückselig zu sein, heißt, sich bewusst auf den Rückweg zu unserem göttlichen Ursprung zu machen. In der Esoterik nennt man das auch *aufsteigen*. Es bedeutet, sich am tiefsten, niederschwingendsten Punkt der Menschheitsentwicklung bewusst für das Licht zu entscheiden und gegen die Materie. Sich unabhängig von allen Widrigkeiten und Angriffen der Dunkelheit, die uns in der Materie versklaven will, auf den Weg ins neue Paradies oder biblisch gesprochen ins neue Jerusalem zu machen. Wer diese Entscheidung getroffen hat, befindet sich im Wandel vom Geschöpf Gottes zum eigenständigen göttlichen Schöpferwesen, das eingebunden in die kosmischen Gesetze, in eigener Verantwortung den Schöpfungsplan Gottes vollendet.

Das ist die Botschaft, wenn die Bibel davon spricht, dass Gott ein Wesen erschuf, das ihm gleich sei. Der Mensch wird nie Gott sein, aber er kann Gott gleich werden. Das ist das uralte Mysterienwissen, das die Essener bewahrten, die Botschaft und der Weg, den sie uns mit den Essener-Engeln hinterlassen haben.

Gott hat uns den freien Willen geschenkt. Entscheide dich. Licht oder Dunkelheit? Geist oder Materie? Nur du allein kannst diese Wahl treffen.

Um in einem modernen Gleichnis zu sprechen, drücke ich es einmal mit den Worten von Monopoly aus: Es ist die Wahl zwischen »Du kommst aus dem Gefängnis frei« und »Gehe ins Gefängnis. Begib dich direkt dorthin. Gehe nicht über Los. Ziehe keine 2000 Euro ein.«

Los steht dabei für die Zeitenwende und deine bewusste Entscheidung. Die geistige Freiheit, die du erringst, ist die Prämie.

Monopoly ist das Spiel der Alten Welt. Wer viel Geld hat, hat auch viel Macht und unterdrückt andere, um sich selbst zu bereichern. Man erschafft sich ein Stück eigene Freiheit auf der Unfreiheit anderer. Es geht nicht ums Teilen, sondern ums Anhäufen, nicht ums Geben, sondern ums Nehmen, nicht ums Sein, sondern ums Haben. Der Antrieb der Alten Welt sind Gier und Egoismus.

Der Antrieb der Neuen Welt, des Aufstiegs, der bewussten Entscheidung für Freiheit und Selbstverantwortlichkeit sind bedingungslose Liebe und Brüderlichkeit.

Bewusstseinsarbeit mit den Essener-Engeln hilft uns, den göttlichen Plan zu erkennen und unsere Wahl zu treffen. Gott möchte dich frei sehen, aber er zwingt dich nicht, es zu sein.

Die sieben Engel der physischen Welt

Bezug: *Körper* | irdisch
Qualität: weiblich | magnetisch
Polarität: negativ (-)

Erdenmutter
Engel der Sonne (Feuer)
Engel des Wassers
Engel der Luft
Engel der Erde
Engel des Lebens (Gesundheit)
Engel der Freude (Glück)

Die Erdenmutter (physische Welt)

Meditationszeit: Samstag am Morgen
Stichworte: Dualität, Trennung, Entwicklung, Wandel, Werden und Vergehen.
Qualität: passiv, weiblich, magnetisch

Sie ist das große Wesen der Fruchtbarkeit, des Wandels, des Werdens und Vergehens. Sie ist das *Ich-Werde.*

Die Erdenmutter ist unsere Ernährerin. Wir sehen sie inmitten ihrer Schöpfung, das Bild ist in Bewegung und strahlt dennoch innere Ruhe aus. Ihr Gesicht ist dem Himmel zugewandt, aus der Fülle der Materie erhoben in die Sphäre des Lichts, das sie atmet, wie wir ihre Luft atmen. So wie wir all unsere physische Lebenskraft aus ihren Gaben ziehen, so atmet sie das Licht der Sonne, ohne das kein Leben entstehen kann. Die Erdenmutter ist das Geistwesen, die Kraft, die alle Materie im Innersten zusammenhält und dessen physischer Körper der Planet Erde ist. Sie ist das Runde, das Eingerollte, das Einatmen des Kosmos. Sie hält uns durch die Anziehungskraft in ihrer Sphäre und durch das Netz des Magnetfeldes, das sie umspannt, in der Dimension, in der wir körperlich wirken können. Sie ist die nie versiegende irdische Quelle, die uns Menschen durch ihren physischen Körper alles zur Verfügung stellt, was wir für Aufbau, Wachstum und Gesundheit unseres Körpers brauchen. Sie ist die unerschöpfliche Quelle des Lebens und des Wachstums und verschenkt sich bedingungslos. Sie erwartet und fordert nichts für ihre Gaben, und wenn wir unseren Körper ablegen und zurück in die geistige Welt gehen, nimmt sie diesen Körper auf und transformiert ihn erneut. Sie tut dies in absoluter Neutralität und Selbstlosigkeit. Sie gibt, was gebraucht wird, und erneuert, was zurückkehrt. Sie ist das Yin zum Yang des Himmelsvaters, die Göttin zum Gott. Beide sind gegensätzliche Pole des *einen Allgeistes*.

Vor dem patriarchalischen, männlichen Zyklus war sie die Göttin eines vorangegangenen matriarchalen, weiblichen Zyklus. Jetzt tritt die Menschheit langsam in einen neuen, dritten Zyklus ein, den der Mitte zwischen Göttin und Gott, zwischen weiblichem oder männlichem Übergewicht, dem Zyklus der erneuten Vereinigung und Harmonisierung beider Pole im Gleichgewicht zu einer neuen *Einheit*.

Es ist noch ein langer Weg, doch er hat begonnen. Das Licht kehrt zurück. Das finstere Zeitalter ist beendet. Lasst uns voller Dankbarkeit und Freude die Morgendämmerung begrüßen.

In ihrer irdischen Dimension gibt es etwas, das es in der geistigen Welt nicht gibt, die Zeit. Zeit ist immer linear, sie hat, wie die Linie, einen Anfang und ein Ende und entspricht der Zahl Zwei. Die Erde ist die Waagerechte des Kreuzes, der Horizont. Beim Kreuzschlagen im Christentum liegt auf der Waagerechten der Heilige Geist (das *Ich*-Bewusstsein), weil wir nur auf der Erde in unserem Selbstbewusstsein erwachen können.

Alles im Universum ist polar, hat einen Gegenpol oder ein Gengenteil: elektrisch und magnetisch, männlich und weiblich, Licht und Dunkelheit. Auf der Erde treten diese Polaritäten getrennt auf (Dualität) – Nordpol und Südpol, Mann und Frau, Tag und Nacht – während sie in der geistigen Welt in die Einheit (All) integriert sind, dem Punkt, der Eins.

Nur auf der Erde können wir Erfahrungen in der Dualität machen. Alles Physische auf der Erde ist der verdichtete Ausdruck des geistigen Schöpferbewusstseins, denn alles Physische entsteht aus dem Geistigen, ist vergänglich, an die Zeit gebunden. Alles Geistige ist ewig. Niemals kann Materie Geist erschaffen, es ist immer der schöpferische Geist, der Materie erschafft. Aus diesem Grund bitte ich dich, dir bewusst zu machen, dass die Worte *weiblich* und *männlich* in den nachfolgenden Texten und Darstellungen auf den Karten nichts mit dem Geschlecht von Frau und Mann zu tun haben. Genauso wie *passiv/dienend* und *aktiv/aggressiv* nichts mit gut oder schlecht, richtig oder falsch, größerem oder geringerem Wert zu tun haben. Es geht immer um geistige Urqualitäten, um Prinzipien, nicht um Geschlechtsmerkmale oder menschliche Eigenschaften und Bewertungen.

Wir haben sowohl als Frau als auch als Mann immer weibliche und männliche Anteile in uns. Es gibt Frauen, bei denen überwiegen die männlichen Anteile und Männer, bei denen die weiblichen Anteile überwiegen. Versuche, dich von menschlichen Wertungen, Urteilen und Kategorien freizumachen, sie entspringen allein der Dualität, der Trennung. All diese geistigen Prinzipien, Kräfte und Gesetze spiegeln sich im Angesicht der Erdenmutter, in jeder ihrer Zellen und in jeder der unseren wider.

Durch das Kosten vom Baum der Erkenntnis (Erkenntnis/Trennung/Tod) kamen wir in die irdische Dichte, um in der Disharmonie der Trennung, der Gegensätze (Freud und Leid, Liebe und Hass…) im freien Willen Erkenntnis zu sammeln. Wenn wir das oft genug getan haben (viele Inkarnationen), erlangen wir Erleuchtung (bringen wir die Gegensätze wieder in Harmonie, ins Gleichgewicht, in Verbindung).

Mit der Erleuchtung erhalten wir den Schlüssel zum Paradies zurück und müssen nicht mehr inkarnieren, sondern dürfen vom Lebensbaum essen, der ewiges Leben schenkt. Wir kehren in Freiheit und Weisheit ins Paradies zurück, in das wir zuvor in Gehorsam und Unwissenheit eingebunden waren. So erschafft und schenkt uns die Erdenmutter die physischen Mittel, um diese Reise der Entwicklung vom kindlichen Bewusstsein zum erwachsenen (erwachten) Bewusstsein zu vollziehen, vom Geschöpf zum Schöpfer. Dafür können wir ihr nicht genug danken.

Sei wie Mutter Erde.
Unterstütze deine Brüder und Schwestern
bedingungslos und urteilsfrei
in ihrer Entwicklung.
Sei eine Mutter für die Welt!

Engel der Sonne (Feuer)

Meditationszeit: Sonntag am Morgen
Element: Feuer
Zustand: plasmatisch
Eigenschaft: warm und trocken
Planet: Sonne
Heilige Geometrie: Tetraeder
Wesensglied: *Ich*
Farben: Orange, Gold
Himmelsrichtung: Süden
Wochentag: Sonntag
Sternzeichen: Widder, Löwe, Schütze
Qualität: aktiv, männlich
Urtemperament: Choleriker
Bewusstseinsentfaltung: Intuition, Wissen, Wollen
Erzengel: Michael
Mythologisches Wesen: Phönix
Elementarwesen: Salamander

Diese Karte widmet sich dem kosmischen Wesen Sonne und dem irdischen Element Feuer und ist daher sehr elementar und mystisch in der Darstellung. Feuer strebt immer nach oben, es bringt immer Licht und Wärme, es reinigt und erneuert.

Physikalisch gesehen, ist es weder Materie noch Gas, es ist plasmatisch, verbindet Materie und Geist. Daher ist die Sonne beziehungsweise das Feuer das einzige irdische Element, das mit Engelsflügeln dargestellt wird, während sich diese bei der Erde im Geweih der Dryade, beim Wasser in den Flossen des

Fischschwanzes der Nymphe und bei der Luft in den Flügeln des Pegasus verbergen.

Auch spirituell gesehen vereinen sich im Feuer die lichten Kräfte des Geistes und die liebenden Kräfte des Herzens. In beiden Fällen entsteht Wärme. Sie ist das Bindeglied zwischen Geist und Materie. Wird unser Denken von Liebe getragen, handeln wir moralisch, ethisch und wertschätzend zum Wohle aller. Das rechte Denken im Zusammenspiel mit dem rechten Empfinden führt zum rechten Handeln. Nur auf diese Weise kann das Ego (niederes *Ich*) besiegt werden und das Höhere *Ich* (Selbst) entstehen.

Der Engel der Sonne tötet mit seinem Schwert (den rechten Gedanken) den Drachen (die niederen Triebe/Begierden). Der Knauf des Schwertes ist eins mit dem Herzchakra (rechtes Empfinden/bedingungslose Liebe). Die rechten Gedanken sind also von wahrer Liebe durchdrungen.

Der Drache steht für das *Ego*, das nach dem goldenen Ei (All-Eins) giert, um es zu zerstören und den Aufstieg der Menschheit zurück ins Geistige (Flug des Phönix) zu verhindern. Das *Ego* und die Begierden wollen uns an die Materie binden, unfrei halten.

Wir alle sind miteinander verbunden, wir stammen aus der gleichen Urquelle, dem goldenen Ei. Was der einzelne tut, hat immer Auswirkungen auf das Ganze, denn das Universum gleicht immer aus. Hat einer besonders viel, muss ein anderer besonders wenig haben. Wird an einer Stelle etwas hinzugefügt, wird an anderer Stelle etwas genommen.

Das goldene Ei symbolisiert den Zustand von Ganzheit vor der Manifestation oder Inkarnation des Geistes in die Materie.

Es symbolisiert den Zustand vor der Trennung, vor der Vertreibung aus dem Paradies, dem Fall.

Es symbolisiert auch das Zusammenwirken von geistigen und stofflichen Prinzipien.

Unser Erdendasein reinigt uns durch Erleben von Leid und erschafft so durch Erfahrung Erkenntnis, die wiederum ein höheres Bewusstsein erschafft. Erst durch das Durchdringen von Geist und Materie entsteht innerhalb der Seele Bewusstsein. Dadurch verwandelt sich der Drache in einen Phönix (Flügel) und aus der Asche des Egoismus steigt der geläuterte, gereinigte Geist, das Selbst empor.

Der Mensch entwickelt sich auf seinem Weg von einem in die Schöpfung eingebundenen Wesen zum freien Schöpferwesen. Im Paradies waren wir Geistes-Kinder. Nachdem wir vom Baum der Erkenntnis (Tod) gegessen haben, lernen wir in unseren Erdenleben durch Erfahrung (Trennung) Erkenntnis zu sammeln und in unseren Geist zu integrieren. Aus Erkenntnis gewinnen wir Weisheit, welche der Wahrheit entspringt und uns Schöpferkraft verleiht. Sie führt uns als erwachsene Geistwesen zurück in ein neues Paradies, das wir mitgestalten dürfen.

Sei wie das Feuer.
Entfache das Feuer der Hoffnung in den Herzen der Menschen und lass deinen Optimismus strahlen.
Sei eine Sonne für die Welt!

Engel des Wassers

Meditationszeit: Montag am Morgen
Element: Wasser
Zustand: flüssig
Eigenschaft: kalt und feucht
Planet: Mond
Heilige Geometrie: Ikosaeder
Wesensglied: Ätherleib
Farben: Blau, Aquamarin
Himmelsrichtung: Norden
Wochentag: Montag
Sternzeichen: Krebs, Skorpion, Fische
Qualität: passiv, weiblich
Temperament: Phlegmatiker
Bewusstseinsentfaltung: Empfindung, Traum
Erzengel: Gabriel
Mythologisches Wesen: Nymphe
Elementarwesen: Undine

Diese Karte lebt ganz in der Stimmung des Traums, des Fühlens, des Mondes, des weiblich Passiven. Eine Frau wurde an den Strand gespült. Sie ist noch nicht ganz wach, scheint mit ihrem Bewusstsein noch bei dem Schiff zu sein, auf dem sie gereist ist.

Sie liegt genau auf der Grenze der Mondsphäre. Noch nicht ganz an Land (wach) aber auch nicht mehr ganz im Traum (Meer), weshalb sie als Nymphe dargestellt wird. Sie ist am Erwachen, dabei, Bewusstsein zu erlangen.

Auf dem Sand, außerhalb des Wassers und noch nicht in Reichweite, liegt eine Muschelschale mit der Perle des *Ich*, die zu Eigenverantwortung und Selbstermächtigung führt.

Die Jungfrau ist noch halb elementar (Fischschwanz) und schon halb Mensch (Brustkorb, Hände, Kopf). Sie kann schon handeln, aber sie tut es noch instinktiv, fließend wie das Wasser, das überall hinfließt, wo ihm kein Widerstand entgegensteht. Deshalb hat sie noch keine Beine und Füße. Sie geht noch nicht aus sich selbst heraus, sie lässt sich emotional treiben, tragen. Ihr Bewusstsein ist nicht rational (zielgerichtet, analysierend), sondern emotional und empfindend ausgerichtet. Es fehlt die Führung des *Ich* (Verstand, Vernunft, Selbst). Da sie noch nicht (er-)wacht ist, denkt sie sich nichts dabei und sie handelt weder aus guten noch aus schlechten Beweggründen. Sie ist mehr Yin als Yang. Daher ist das Yang noch vom Meer überspült. Lang dauert es nicht mehr, bis sie erwacht, schon die nächste Welle kann sie auf den Strand tragen.

Die Komposition lebt aus der Stille. Doch es ist die Stille und der Frieden, von dem man nie weiß, wie lange er währt. Sand ist kein fester Grund, er muss immer wieder befestigt werden. Denn genauso, wie sich das Wasser bei Windstille friedlich in jede Form ergießt, kann es bei Sturm unsere Häuser unterspülen und zum Einsturz bringen. Allerdings tut es das nie aus Boshaftigkeit, sondern weil eine äußere Macht es dazu bringt.

Wasser ist in allem irdisch Lebendigen enthalten und wird von allen irdischen Lebewesen zum Leben benötigt. Es deutet auf die damit zusammenhängende Entwicklung, die der Mensch eben nur auf der Erde machen kann, wo er sich aus dem Traumbewusstsein ins *Ich*-Bewusstsein und zuletzt ins Selbst-Bewusstsein hineinentwickelt.

Aus diesem Grund verdeckt der rechte Arm der Frau ihre Stirn, denn das Dritte Auge (höhere Wahrnehmung) ist noch nicht geöffnet.

Wasser schenkt Leben! Es ist lebensnotwendig und damit unendlich kostbar. Es gehört keinem und darf niemandem vorenthalten werden. Leben ist ein Geschenk, es kann nicht gekauft werden. Am Umgang mit Wasser erkennt man das Bewusstsein des Menschen. Es zeugt entweder von Egoismus und Gier oder von Liebe und Brüderlichkeit.

Das morgendliche Bad in kaltem Wasser war ein Teil der Essener Morgenroutine. Sie schätzten seine Reinigungskraft innerlich wie äußerlich. Was wir heute wieder wissen, war den Essenern bereits bekannt: dass Wasser, ein geistiger Speicher ist (wie Kristall) und die Erinnerungen aller Zeiten in sich trägt, das es lebt. Wasser reagiert auf Empfindungen und Gedanken. Begegnest du ihm mit Dankbarkeit und Liebe, erhöht sich seine Qualität. Wasser in Flaschen, das du mit segnenden Gedanken und Worten programmierst, ist nachweislich länger haltbar, gesünder und reichhaltiger. Das ist wissenschaftlich erwiesen. Dankbarkeit aktiviert hohe energetische Schwingungen, die heilen.

Sei wie das Wasser!
Wasche allen Groll in dir rein.
Heile dich und die Welt.
Sei dankbar!

Engel der Luft

Meditationszeit: Dienstag am Morgen
Element: Luft
Eigenschaft: warm und feucht
Zustand: gasförmig, leicht
Planet: Mars
Heilige Geometrie: Oktaeder
Wesensglied: Astralleib
Farben: Gelb, Weiß, Pastelltöne
Himmelsrichtung: Osten
Wochentag: Dienstag
Sternzeichen: Zwilling, Wassermann, Waage
Qualität: aktiv, männlich
Temperament: Sanguiniker
Bewusstseinsentfaltung: Intellekt, Denken
Erzengel: Raphael
Mythologisches Wesen: Pegasus
Elementarwesen: Sylphe

Auf dieser Karte sehen wir eine Frau, die inmitten eines zirkulierenden Luftstroms steht, dem sie sich voll öffnet, indem sie die Arme weit nach hinten streckt und Gesicht und Brust dem Wind preisgibt. Sie schwebt über den Wolken und ist so leicht und beweglich, aber eben auch flüchtig, so, wie das Element Luft selbst der irdischen Materie enthoben ist und doch zur Erde gehört. Luft ist die irdische Äquivalenz zur göttlich ätherischen Essenz, sie ist rhythmische Bewegung.

Man kann das Blatt fangen, das der Wind bewegt, den Wind selbst kann man nicht fangen. Er ist nicht dafür gemacht, an einem Ort zu verweilen, er ist immer in Bewegung und bringt so auch uns in Bewegung. Er kann uns sanft emporheben oder von den Füßen reißen, erfrischen und durcheinanderwirbeln. Wir atmen Luft, sie bringt unseren Kreislauf und unseren Geist in Bewegung. Leben ist Bewegung.

Odem ist der Atem Gottes, Luft ist der Atem der Erde. Das erste erweckt uns auf Erden zum Leben, das zweite erhält uns auf Erden am Leben. Wenn wir nicht mehr atmen, sterben wir, verlassen die Körperlichkeit, denn jede Zelle unseres Körpers wird von *Luft* durchdrungen.

Luft steht auch für den Intellekt, den Verstand, das Denken. Begleitet wird die Luft von Pegasus, dem geflügelten Pferd, einem Fluchttier, dem edlen Geisttier, dem Pferd, das seit jeher unter den Menschen als ganz besonderer Freund geschätzt wird. Doch der Pegasus erhebt sich noch über die normalen, irdischen Pferde, denn er hat Flügel, er kann in die Luft hinaufsteigen.

Das Pferd hat ein stark intuitives Empfinden, eine edle Seele, die es so besonders macht und von anderen Tierarten unterscheidet. Es hat schon eine Art Persönlichkeit, die die Treue des Hundes und den Eigensinn der Katze übersteigt. Eine hoch entwickelte Seele, aber eben doch kein *Ich* wie der Mensch. Durch diese hochentwickelte Tier-Seele entstehen zwischen Mensch und Pferd besonders tiefe, lehrreiche und heilsame Verbindungen, die Quantensprünge der Entwicklung ermöglichen. Diese unglaublich wertvolle, lebendige und entwicklungsreiche Beziehung erkennen wir auf dem Bild an dem Sternenwirbel, den das Pferd mit dem Schlagen seines Schweifs hervorbringt. Jeder Stern steht für eine Idee, für Inspiration und Entwicklung.

Mit dem Pegasus an unserer Seite können wir uns in die Lüfte erheben zwischen Erd- und Himmelreich, im Land der Fantasie und Künste nach den Sternen greifen. Wissen ist begrenzt, Fantasie ist unendlich. Wissen zeigt, was ist; Fantasie erschafft, was sein kann. Wissen ist mächtig, Fantasie ist allmächtig.

Doch wir dürfen das Erlangte nicht festhalten, denn die Luft verweilt nicht. Sie bringt ununterbrochen Neues hervor und strebt immer weiter, das ist ihre Natur. Die Luft hält an nichts fest und kann nicht festgehalten werden. Sie steht für die Idee in Wissenschaft und Kunst, für das stete Streben und Greifen nach dem Neuen, noch Unbekannten.

Die Mythologie lehrt uns: Stampft der Pegasus mit den Hufen auf, entspringt ein Quell, steigt er in die Lüfte auf, so führt er dich zu den Sternen, aber niemals hält er an, um zu verweilen. Geistesblitze und Ideen lassen sich nicht erzwingen. Sie kommen unverhofft und gehen ohne Abschied. Wir müssen sie ergreifen und mit Hilfe anderer Engel in die Tat umsetzen. Eine Idee, die im Kopf bleibt, nützt weder der eigenen Entwicklung noch der der Menschheit.

Ideen sind flüchtig wie das Blatt in der Luft. Wir müssen sie ergreifen, wenn sie sich offenbaren, sonst fliegen sie weiter und sind verloren. Um sie zu ergreifen, bedarf es eines offenen, freien Geistes und des Bewusstseins, das Potential der Idee zu erkennen, sowie den Willen, sie in die Tat umzusetzen. Atmen ist ein unbewusster Prozess, der dich überleben lässt. Den Atem zu lenken ist ein bewusster Prozess, der dich das Leben im Geiste ergreifen lässt. Atemtechniken gehören zu jedem spirituellen Schulungsweg. Sie öffnen den Geist und weiten das Bewusstsein.

Sei wie die Luft!
Halte Körper, Seele und Geist beweglich.
Sei eine Inspiration für die Welt!

Engel des Erdreichs

Meditationszeit: Mittwoch am Morgen
Element: Erde
Eigenschaft: kalt und trocken
Zustand: fest, starr, schwer
Planet: Erde
Heilige Geometrie: Würfel
Wesensglied: physischer Leib
Farben: Braun, Orange
Himmelsrichtung: Westen
Wochentag: Mittwoch
Sternzeichen: Jungfrau, Stier, Steinbock
Qualität: passiv, weiblich
Temperament: Melancholiker
Bewusstseinsentfaltung: Wahrnehmung/Gefühl/Fühlen
Erzengel: Uriel
Mythologisches Wesen: Dryade
Elementarwesen: Gnom

Für dieses Element liegen drei Zusatzkarten vor, so dass der *Engel des Erdreichs* in jeder Jahreszeit erscheint. Das schenkt dir die Möglichkeit, die Karte für deine Übung auszusuchen, die der Saison entspricht, in der du mit ihr arbeitest; das kann die Visualisierung erleichtern. Die Hauptkarte zeigt den Sommer (Zusatzkarten: Winter, Frühjahr und Herbst).

Die Komposition lebt aus der Erdfarbe braun (gelb, rot, grün). Sie ist dunkel gehalten, denn die Erde als irdisches wie auch als seelisches Element ist dunkel, schwer und unbeweglich (melancholisch) – und das ist gut so, denn in der Dunkelheit liegt der Samen von allem.

Die Stimmung des Bildes ist melancholisch, nach innen gerichtet. Erde agiert nicht im Außen, Erde bildet im Innern. Erde ist Fruchtbarkeit, aus ihr geht alles hervor, was unser physischer Leib braucht, um agieren zu können. Sie liefert uns das Instrument, auf dem wir spielen und uns entwickeln können.

Die Farben der Erde sind die Farben des Werdens und Vergehens. Dieser Prozess oder Kreislauf der Natur, den wir so wunderbar an den Bäumen beobachten können, dominiert das Bild. Transformation findet nicht in der Aktion statt, sondern in der Stille!

Dort, wo der der Stamm sich verzweigt und in die Krone übergeht, sehen wir die Erde als Planet. Der Baum zeigt uns nicht nur den ewigen Wandel des Werdens und Vergehens, er offenbart uns auch das zweite universelle Gesetz: *wie oben so unten; wie unten so oben.* Er weist uns auf das Geheimnis der Mitte (Stamm) hin, die oben und unten verbindet, die Sphäre des Menschen.

Die Krone des Baumes findet sich in ihrem Spiegelbild, dem Wurzelstock, wieder. Daher wird der Baum auch seit Urzeiten als kraftvolles Symbol genutzt. Der Wurzelstock ist das Spiegelbild der Krone; das Irdische ist das Spiegelbild des Göttlichen (Kosmos), die Materie das Spiegelbild des Geistigen. Zusammen bilden sie das Universum, den Lebensbaum (Kabbala/ Yggdrasil).

Der Wurzelstock befindet sich in der Erde, der Dunkelheit der Materie. Der Stamm, durch den die Säfte auf- und absteigen und welcher Wurzelstock und Krone verbindet, befindet sich in der mittleren Zone, in der auch der inkarnierte Mensch lebt. Die Krone erstreckt sich in die Luft, in den Himmel, in die geistige Welt.

Alle Blätter und Früchte, die der Baum in seinem Leben hervorbringt, fallen zurück zur Erde und bilden den fruchtbaren Boden für sein nächstes Leben. Auch dies ist ein Spiegelbild dafür, dass alle guten und schlechten Taten, alle Unterlassungen, alle Erkenntnisse und alle nicht erlösten Begierden die Voraussetzungen für unsere nächste Inkarnation als Mensch bilden. Diesen Kreislauf nennt man auch Karmabildung und Karmaauflösung.

Wusstest du, dass das Lebenselexier der Pflanzen, das Chlorophyll, sich nur in seinem Zentral-Ion vom Hämoglobin, dem Blut des Menschen unterscheidet? Sein Kern ist Magnesium, der des menschlichen Blutes Eisen. Der Sauerstoff, den wir einatmen, um unseren Körper am Leben zu erhalten, wird von den Bäumen ausgeatmet und das Kohlendioxid, das wir Menschen ausatmen, wird von den Bäumen eingeatmet. Es ist ein uralter heiliger Bund.

Die Seele des Baumes zieht nicht, wie beim Menschen, in den Körper ein, sie befindet sich noch außerhalb der festen Materie, eng um den Stamm herum. In der Komposition des Bildes wird sie durch die an den Stamm gefesselte Dryade mit dem Geweih dargestellt.

Der Baum als physischer Körper wurzelt tief in der Erde. Dadurch ist er ortsgebunden. Wir erhalten unseren materiellen Körper auch aus der Erde, aber nicht direkt aus ihrem Innern, sondern aus dem »Fleisch unserer Menschenmutter«, aus dem unser Körper gebildet und geboren wird. Wir wurzeln zwar nicht physisch in der Erde, aber energetisch über unser Erdstern-Chakra.

So wie die Dryade an den Stamm gefesselt ist, so sind auch wir als Geistwesen in unserem irdischen Leben an unseren physischen Körper gebunden, in dem wir uns bewegen können und durch den wir unsere Willensimpulse ins Handeln bringen können. Er dient uns als Instrument, um hier im Irdisch-Materiellen tätig zu werden.

Der Erde selbst, als Element, bleibt Beweglichkeit verwehrt. Erde kann sich nicht bewegen, sie kann nur bewegt werden. Jedoch kehrt alles, was sie schenkt, im Kreislauf unseres Lebens zu ihr zurück. Es ist also gar nicht nötig, dass sie sich bewegt. Sie kann warten, denn Erde ist geduldig.

Im Weltenplan hat sie als Planet in der Gegenwart ihren dichtesten materiellen Zustand erreicht.

Menschen, bei denen die Sonne zum Zeitpunkt ihrer Geburt in einem Erdsternzeichen stand, neigen zur geistigen Unbeweglichkeit, zu Sturheit und zur seelischen Dunkelheit, der Melancholie. Erde brennt nicht, sie ist nicht entflammbar. Ein Mensch unter den kosmischen Einflüssen der drei Erdsternzeichen ist nur schwer zu begeistern im Vergleich zu einem Menschen, der unter dem Einfluss eines Feuerzeichens geboren wurde, aber er ist ein Meister des Abwägens, der Ruhe und der Geduld.

In der Mitte der Zeit, der größten Trennung vom All-Geist, dem Materialismus, fand das Christusereignis statt, das auf dem Bild durch den Morgenstern dargestellt wird, der im Geweih (Weihe!) des Hirsches erstrahlt. Der Morgenstern ist die Venus, der Planet, der die Liebe symbolisiert. Und Liebe, wahre Liebe, ist es, was wir auf der Erde lernen dürfen.

Die Entwicklung der Menschen auf der Erde gliedert sich in:

- die Zeit vor dem Christusereignis, die Entwicklung des *Ich*s als ***Ego*** oder ***Niederes Ich***: Ich erkenne mich als eigenes Individuum, indem ich mich vom Gegenüber abgrenze und mein Wohl über das Wohl der anderen stelle;
- und die Zeit nach dem Christusereignis, die Entwicklung des ***Höheren Ichs*** durch die Liebe, dem ***Selbst***: Ich erkenne, dass ich als einzelner mit allen anderen Individuen verbunden bin und dass mein Wohl vom Wohle aller abhängt.

Der Hirsch ist ein weiteres Symbol des Wandels und der Entwicklung, da er sein Geweih (den festesten Teil seines physischen Körpers) jedes Jahr verliert und ihm ein neues, größeres nachwächst.

Ein Sinnbild mit ungeheurer Tiefe in Bezug auf die menschliche Bewusstseinsentwicklung im Zuge unserer Inkarnationen, in denen unser Bewusstsein immer »größer« wird oder sich transformiert.

Sei wie die Erde!
Sei fruchtbarer Boden
für die Bedürfnisse deiner Lieben.
Sei geduldig mit dir und anderen!

Engel des Lebens

Meditationszeit: Donnerstag am Morgen

In dieser Komposition erleben wir die drei Urkräfte, deren Zusammenwirken unseren Körper beleben: Licht, als kosmisch-geistige Feuer- und Wärmekraft, Wasser als irdisches Element und Luft als Träger des Sauerstoffs aus dem irdischen Element Luft.

Der Engel des Lebens ist die elementarste Komposition von allen, so wie der Überlebenswille der stärkste Trieb oder Instinkt in allen Lebewesen ist. Leben ist wertvoll, es ist das kostbarste, größte Geschenk, das wir erhalten können.

Die Erfahrungen, die unsere Seele auf der Erde macht, sind einzigartig, und die Erkenntnisse, die sie aus der Erdeninkarnation mit über die Schwelle nimmt, sind kostbare Geschenke für die Entwicklung aller geistigen Wesen im Kosmos. Wir sind nicht nur um unserer selbst Willen hier, wir haben einen Auftrag im göttlichen Plan, der dem Ganzen dient.

Die Karte zeigt, wie aus Licht, Wasser und Luft Leben und Gesundheit entstehen. Alles in diesem Bild ist in Bewegung. Wo Licht, Wasser und Luft zusammentreffen, bildet sich aus Ranken und Blättern der Engel des Lebens.

Eine Welle schwappt rechts über ihn hinweg, und dort, wo das Licht sie durchdringt, entsteht ein Tropfen, der auf Höhe des Dritten Auges von einem durchsichtigen Blatt herabperlt: ein Teil des Geistes, der sich aus dem Kosmos in den Körper herabsenkt und mit ihm über die Luft (Atmung) verbindet.

In dem Moment, wenn das Kind seinen ersten Atemzug tut, zieht die Seele vollständig in den physischen Leib ein und schenkt ihm Bewusstsein und eigenständiges Leben.

Vorher war der Körper noch an die Mutter gebunden und die Seele nur *bei* ihm, in seiner Nähe (wie beim Baum). Erst jetzt nimmt die Seele die physischen Sinne in Besitz, und kann mit ihnen wahrnehmen, um in der Außenwelt selbst agieren zu können. Und erst jetzt kann sie über den eigenen Körper Hunger und Durst empfinden, weil erst jetzt der Körper Nahrung aus der Erde aufnehmen muss, um sich zu erhalten.

Der Engel des Lebens offenbart uns ein Geheimnis: Das Leben auf der Erde ist nicht durch die Elemente unseres Planeten allein möglich. Es kann nur im Zusammenwirken mit geistigen Kräften anderer Planeten entstehen. Den rein materiellen Körper, die Hülle, schenkt uns die Erde, belebt wird er durch das Zusammenwirken von Licht (Sonne), Wasser (Mond) und Luft.

Erinnern wir uns: Feuer ist plasmatisch, verbindet die irdischen Elemente mit den geistigen Mächten und ermöglicht uns in dieser Verbindung das *Ich*-Bewusstsein. Die Sonne ist ein Feuer-Gasplanet, ein Plasmariese, der uns sein Licht und mit ihm die Wärme sendet und so Leben möglich macht.

Wasser unterliegt der Kraft des Mondes, auch ein außerirdischer Himmelskörper, aber nicht eigenständig, wie die Sonne, sondern an die Erde gebunden, ein Trabant. Die Mondkraft beeinflusst alles Flüssige auf Erden: Ebbe und Flut, Monatszyklus, Wachstum und so weiter.

So sind es die Kräfte des Lichts und des Wassers, die unseren Flüssigkeits- und Wärmekreislauf bilden, die kosmischen Kräfte, die ihm Rhythmus und Zyklen schenken, und die Luft, die unseren Geist im Körper erweckt.

Leben entsteht aus dem Zusammenwirken der Kräfte des Himmelsvaters und der Erdenmutter. Je mehr wir es vermögen, die geistigen, seelischen und physischen Kräfte ins Gleichgewicht zu bringen, desto gesünder sind wir an Geist, Seele und Körper. Krankheit und Tod gehören zum Menschenleben, nicht zur Göttlichkeit. Die elementare Kraft des Lebens ist immer gesund. Erst durch die Unvollkommenheit unseres menschlichen Bewusstseins entsteht ein Energiemangel oder ein Ungleichgewicht, das krankmachen kann.

Das Leben selbst ist in seinem Ursprung immer im Gleichgewicht, so wie die Natur ursprünglich im Gleichgewicht war, bevor der Mensch in sie eingegriffen und das Gleichgewicht gestört hat. Je stärker das Bewusstsein für dieses Gleichgewicht im kollektiven Bewusstsein der Menschen erwacht und wir unser Handeln wieder zum Wohle des Lebens an sich – also zum Wohle des Ganzen, in das wir eingebunden sind, ausrichten, desto mehr wird sich die Natur um uns erholen.

Der siebenfache Weg des Friedens lehrt uns, diese Gesundheit wieder herzustellen; zuerst in uns und dann in der Welt. Nur im Zusammenwirken aller vier Kräfte kann Gesundheit entstehen: in unserem eigenen Organismus wie auch im Kollektiven (Familie, Partnerschaft, Gesellschaft, Volk, Menschheit). Solange wir noch gegen uns und gegeneinander agieren, krankt der Organismus, denn er ist ein eigenständiges lebendiges Wesen. Die Menschheit ist als Ganzes ein lebendiges Wesen, so seltsam dir das auch erscheinen mag. Wir sind alle miteinander verbunden. Hat nur ein Mensch (eine Zelle) zu wenig Nahrung (körperlich, seelisch und geistig), um würdig zu leben, erkrankt das gesamte System.

Schule dein Bewusstsein.
Bringe dich und die Welt ins Gleichgewicht.
Denke, fühle und handle brüderlich.
Sei wie das Leben! Lebe Kooperation statt Konkurrenz.

Engel der Freude

Meditationszeit: Freitag am Morgen

Freude ist der Bewusstseinszustand des unschuldigen Kindes und die Glückseligkeit des Weisen.

Nichts ist so wahrhaftig, so ansteckend und so befreiend wie das laute Lachen eines Kindes und nichts ist so liebevoll, so friedfertig und so erhebend, wie das stille Lächeln eines weisen Greises. Was beide verbindet, ist Vertrauen und das Leben im Augenblick.

Das unschuldige Kind vertraut, weil es noch nichts Schlimmes erlebt hat. Der weise Greis vertraut trotz allem, was er erlebt hat. Keiner von beiden lebt in der Vergangenheit oder Zukunft, sie leben in der Gegenwart. Beide konzentrieren sich auf den Moment, auf das Sein. Sie sind in Harmonie mit den Kräften des Universums. Das unschuldige Kind zieht diese Fähigkeit aus dem Unbewussten, der weise Greis aus dem wachen Bewusstsein. Der Weg vom unschuldigen Kind zum weisen Greis ist der Weg der

- Läuterung, Einweihung und Erleuchtung

oder

- Erfahrung, Erkenntnis und Freiheit.

Diese Karte zeigt eine junge Akrobatin, welche in völligem Urvertrauen ruht. Frei von Angst, balanciert sie auf einer Zehenspitze über dem Abgrund, dem irdischen Drama.

Sie trauert nicht um das, was sie verloren hat, den Zirkus (Vermögen, Arbeit, Zuhause, Existenz) und schert sich nicht um die Haie, die darauf warten, dass sie abstürzt, damit sie sie zerfetzen können. Sie greift auch nicht nach dem Neuen, das sich in Form der Himmelsleitern schon zeigt.

Kopf, Hände und Füße sind voll konzentriert bei dem, was sie im Moment tut. Ihr Bewusstsein ist absolute Harmonie. Sie lebt voll und ganz im Augenblick. Aus dieser Harmonie heraus kann sie mit allen Kräften des Universums jonglieren, ohne sie oder sich selbst aus dem Gleichgewicht zu bringen.

Der Engel der Freude erinnert uns daran, jeden Augenblick voller Freude zu leben, egal was passiert, keine Angst vor der Zukunft zu haben und nicht in Kummer und Wut zurückzublicken. Wenn wir freudvoll auf das Leben vertrauen, wird es uns immer geben, was wir brauchen und woran wir lernen und wachsen können, was zu unserem Wohle und zum Wohle aller ist und was zu unserem Seelenplan gehört.

Die Komposition ist realistisch gehalten und lehnt sich an die Botschaft des Märchens vom »Hans im Glück« an, der in jeder Situation das Gute sieht, seinen Nutzen und den des anderen (win-win), obwohl er eigentlich übervorteilt wird. Er sieht nie den Verlust, sondern blickt tiefer: auf den Gewinn im Verlust.

Ebenfalls erscheint uns die Freude im mittelalterlichen Versroman Wolfram von Eschenbachs in der Gestalt des Parzival und seiner legendären Heldenreise auf der Suche nach dem Gral. Er kämpft sich vom naiven gläubigen Kind (Nichtwissen/Urvertrauen) über den suchenden Erwachsenen (Fragen, Zweifel, Irrtum) zum reifen Weisen (Erkenntnis/Wahrheit).

Die Freude ist die Schnittmenge zwischen Frage und Antwort. Sie ist das Nichts, die Leere (frei von Raum und Zeit), in der alles enthalten ist. Sie ist der paradiesische Zustand der Seele, das Erleben absoluter Wahrheit, absoluten Seins, des Nullpunkts. Sie ist das Zusammenklingen vom Narren, der Null (kindlich) und der reifen Welt des Weisen, der Welt, die Einundzwanzig im Tarot.

Numerologisch ist sie gleichzusetzen mit dem Weltenei, dem uranfänglichen Androgyn, dem Vollkommenen, dem Zustand vor der Eins, vor der ersten Bewegung, mit der die Schöpfung entsteht und die Genesis beginnt.

Somit haben wir in der Freude jenen Zustand, der vor dem Sündenfall bestand, dem Ereignis, das das Leid geschaffen und in die Welt gebracht hat. Die Freude ist der Ursprung und das Ziel, zwischen denen der Initiations- oder Einweihungsweg des Menschen vom Narren zum Weisen liegt.

Das Gefühl der Freude beinhaltet die Empfindung der heiteren Zufriedenheit mit der Welt und sich selbst, der Unbeschwertheit, Sorglosigkeit, Leichtigkeit.

Freude ist das Glück des Kindes und die Glückseligkeit des Weisen.

Einundzwanzig verschiedene geistige Urkräfte (Engel) gilt es auf unserer Heldenreise im Kreislauf der Wiedergeburten zu entdecken und zu meistern, bis wir wahrhaft Mensch sind. Diese uralte Weisheit der einundzwanzig Einweihungsstufen finden wir noch heute im Aufbau (Plot) eines Romans, den man *Heldenreise* nennt und im Schicksal seines Protagonisten, der sich vom Narren durch das Drama (Prüfungen) kämpft, um endlich durch eine unerwartete Wendung (Erkenntnis) zum Helden zu reifen.

In der Gegenüberstellung mit dem Tarot erkennen wir hier einen deutlichen Unterschied. In den Essener-Meditationen wird nur von den reinen göttlichen Prinzipien gesprochen und deren gutem, wahrem, erhaltendem und heilendem Wirken auf den Menschen: ein Wirken ganz aus dem göttlichen Licht heraus. Der in der Essener-Bruderschaft gelehrte Schulungsweg zielte darauf hin, diese Kräfte zu erkennen, zu meistern und in gleicher Weise, wie es die Engel für uns tun, diese Kräfte an unseren Mitmenschen und uns selbst einzusetzen: helfend, aufbauend, heilend, erhebend. Die Essener beziehen sich ganz auf den göttlich geistigen Ursprung des Menschenwesens.

Das Tarot ist irdischer, menschlicher in seinem Ansatz, denn es bezieht die Widersacherkräfte (Zerstörung und Missbrauch, Täuschung und Irrtum) in seine Erklärungen und Deutungen mit ein. Es zeugt auch von der Unwahrheit, der Lüge, der Illusion und Torheit, den Abwegen, auf die wir als Menschen geraten können.

Die großen Arkana (Trümpfe/Urkräfte) des Tarot zeigen das Ringen des Menschen zwischen den aufbauenden und zerstörenden Einflüssen auf der Erde, sein Ringen in der Spiegelwelt im Laufe seiner Inkarnation. Sie setzen vor unserer Entscheidung an und zeigen Möglichkeiten, die wir vor dieser Entscheidung abwägen sollten, und Konsequenzen, die aus unserem Handeln (irrtümlichen Entscheidungen) entstehen können.

Die Essener-Engel setzen da an, wo das Tarot aufhört. Sie handeln aus der bedingungslosen barmherzigen Liebe und der urteilsfreien Gnade heraus. Sie versuchen das Leid, das aus den Fehlentscheidungen und Irrtümern der Menschen an Körper, Seele und Geist entstanden ist, zu lindern und zu heilen.

Der Fokus der Essener-Engel liegt auf der Rückkehr des Menschen zu seinem Ursprung als rein geistiges Wesen, auf seiner endgültigen Rückverbindung mit der göttlichen Quelle. Dem Kreislauf der Wiedergeburten auf der Erde maßen sie geringere Aufmerksamkeit zu, da dieser für sie zweifelsfrei irgendwann enden würde.

Das Tarot hingegen konzentriert sich ganz auf die irdische Welt, auf den inkarnierten Menschen und seine Möglichkeiten und Chancen, um sein Schicksal zum Guten zu wenden und Unglück zu vermeiden.

Der Essener-Ansatz konzentriert sich also ganz auf den göttlichen Ursprung und das höchste menschliche Ziel, selbst göttlich zu werden. Hier auf Erden ist der Seins-Zustand, der dem rein geistigen Sein (dem göttlichen Ziel) am nächsten kommt, der der Freude.

Sei ein unschuldiges Kind:
Freue dich und vertraue!
Werde ein weiser Greis:
Verbreite Freude und schenke Vertrauen!

Der siebenfache Friede des Menschwerdens

Bezug: *Seele* | menschlich
Qualität: dual
(Weiblich und männlich, magnetisch und elektrisch)
Polarität: negativ (-) und positiv (+)

Friede mit dem Körper
Friede mit dem Geist
Friede mit der Bruderschaft
Friede mit der Menschheit
Friede mit der Weisheit aller Zeiten
Friede mit dem Reich der Erdenmutter
Friede mit dem Reich des Himmelsvaters

Der siebenfache Friede

Ziel: Mensch werden

Alles, was wir in unzähligen Inkarnationen erfahren, darf durch unsere seelischen Kräfte als Erfahrung und durch die wachsenden geistigen Kräfte in Erkenntnis befriedet werden. Ohne Frieden keine Erleuchtung, keine Rückkehr ins Paradies.

Daher haben wir den siebenfachen Frieden in den Meditationen der Essener zur Mittagszeit (Mitte). Die inkarnierte Seele darf sich zwischen den dualen Kräften der irdischen Welt die paradiesische Zufriedenheit durch bewusste Versöhnung und Vergebung zurückerobern. Zwischen der Erdenmutter mit ihren Engeln (Morgenmeditationen) und dem Himmelsvater mit seinen Engeln (Abendmeditationen), liegt der siebenfache Weg des Friedenschließens, des Menschwerdens und der Mitte.

Es ist die Bestimmung des Menschen, sich aus sich selbst heraus, aus seinem eigenen *Ich* heraus, die Freiheit zu erarbeiten, die er zukünftig als zehnte Wesenheit oder 4. Hierarchie – als Geist der Freiheit – repräsentieren wird. Der Vater brachte uns die Geburt (Erlebniskraft/*Ego*), der Sohn brachte uns den Tod (Erkenntniskraft/*Ich*) und der Heilige Geist bringt uns das ewige Leben (Schöpferkraft/Selbst).

Das ist der Weg des Menschen:

- vom unbewussten Geschöpf des Vaters (Geborgenheit/Gehorsam/Eingebundenheit)

- über den Weg der Einweihung durch das Christusereignis des Sohnes (Schmerz/Erfahrung/Erkenntnis)
- zum eigenständigen Schöpferwesen durch den Heiligen Geist (Verständnis/Verantwortung/Freiheit).

Im »Scutum-Fidei-Arma-Trinitatis«, dem Schild der Dreifaltigkeit, sehen wir dies in einem perfekten Diagramm dargestellt. Alle drei Aspekte entspringen der Einheit und sind doch verschiedener Natur.

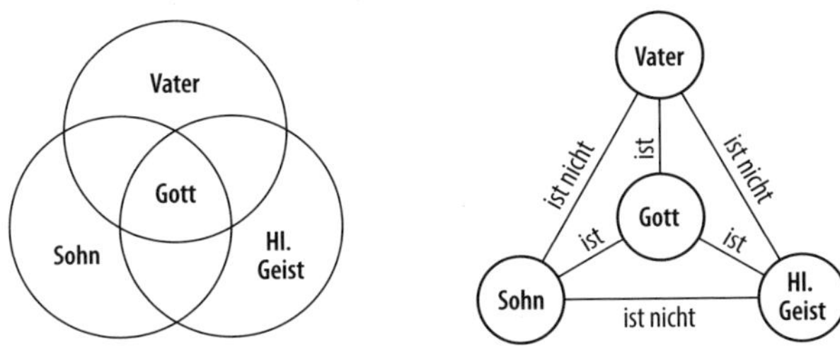

- Der Vater führt uns mit der Geburt vom Übersinnlichen ins Sinnliche (Körper-Blut/Vererbungslinie).
- Der Sohn führt uns durch den Tod vom Sinnlichen ins Übersinnliche (Seele/Ich-Bewusstsein).
- Der Heilige Geist führt uns übergeordnet über Geburt und Tod zur Erweckung des Schöpfergeistes (Geist/Höheres Selbst).

Bewusstseinsarbeit kann nur freiwillig von jedem einzelnen geleistet werden. Sie ist das Nadelöhr (die Mitte) in der heiligen ewigen Acht zwischen Unfreiheit und Freiheit.

Zwischen Plus- und Minuspol (Begierde und Selbstlosigkeit) liegt der Nullpunkt, die Zu-*Frieden*-heit oder das Erwachen.

Bewusstseinsarbeit ist Einweihung und führt uns durch drei große Stufen, die jeweils in sieben kleinere Stufen unterteilt sind. Insgesamt besteht der Einweihungsweg also aus 21 Stufen.

Um Frieden zu finden, müssen wir den Blick nach innen richten. Es geht um inneren Frieden. Denn nur, wenn wir den Frieden in uns erzeugen und erhalten können, sorgen wir für Frieden im Außen. Nur wer mit sich und seinem Leben im Einklang ist, wird auch friedlich handeln und damit Frieden verbreiten. Je mehr Menschen im Frieden sind und aus diesem Frieden heraus friedvoll handeln, desto weiter zieht sich der Kreis und sorgt für eine friedliche Welt.

Wenn wir Bewusstseinsarbeit leisten, erkennen wir die Engel des Himmelsvaters, die geistigen Ur-Prinzipien und Ur-Kräfte in den Engeln der Erdenmutter wieder.

Die Engel der Erdenmutter sind Spiegelbilder dieser kosmischen Prinzipien im Irdisch-Materiellen. Sie sind der Ausdruck oder Abdruck einer höheren geistigen Schwingung (Macht/Kraft) in einer Sphäre niederer Schwingung (Form/Materie). Alles Irdische, Physische, Materielle ist verdichteter Geist. Wie oben, so unten!

Auf der Erde sind wir gebunden an unseren physischen Körper und seine Sinne, daher richten wir den Blick und unseren Schritt nach außen und geben unserer Umgebung, der uns umgebenden Außenwelt Gewicht und Form. Wir drücken ihr sozusagen durch unser Handeln unseren Stempel auf, drücken uns in ihr aus und erschaffen im Abdruck Gottes unseren eigenen Abdruck als Mensch. Wie im Großen, so im Kleinen!

In dem Moment, in dem wir das erkennen, richten wir unseren Blick und unsere Aufmerksamkeit nach innen, zur Quelle, dem Wissen, der Weisheit, dem Christuslicht in uns, der Liebe.

Dann beginnt die Versöhnung, und wir begegnen in uns dem Göttlichen. Wie innen, so außen!

Auf diesem Einweihungsweg brauchen wird das körperliche Auge nicht mehr. Auf diesem Weg brauchen wir das geistige, das Dritte Auge, das sich während der Einweihung immer weiter öffnet und uns höhere, geistige Sinne erschließt: das Hellsehen, Hellfühlen und Hellhören.

Hier eine Tabelle, in der ich aufgelistet habe, wie ich den jeweiligen Frieden verstehe.

Friede mit dem Reich der Erdenmutter	=	Frieden mit dem weiblichen Prinzip, dem Defensiven, Passiven, Empfangenden, Weichen, Eingerollten, Sich-Hingebenden.
Friede mit dem Reich des Himmelsvaters	=	Frieden mit dem männlichen Prinzip, dem Aggressiven, Aktiven, Gebenden, Harten, Ausstrahlenden, Sich-etwas-Erobernden.
Friede mit dem Körper	=	Frieden mit Krankheit, Alter, Vergänglichkeit, Unvollkommenheit, Tod.
Friede mit dem Geist	=	Frieden mit dem Gedankenkarussell, Ablenkung, Überlastung, Verirrung, Irrtum.
Friede mit der Bruderschaft	=	Frieden mit der Familie und den Ahnen aus jeder unserer Inkarnationen, dem aktuellen Stamm und den vorangegangenen Stämmen.
Friede mit der Menschheit	=	Frieden mit der Trennung, dem Ringen zwischen Licht und Dunkelheit, dem Menschsein, den Schatten des Menschseins.
Friede mit der Weisheit aller Zeiten	=	Frieden mit den verschiedenen Zeitaltern, Kulturepochen und Kulturen.

Friede mit dem Körper

Meditationszeit: Sonntag am Mittag

Schließe deinen Frieden mit der Vergänglichkeit, der Unvollkommenheit, mit Krankheit, Alter und Tod. Das Leben auf der Erde ist endlich, der Körper, den wir von Mutter Erde geliehen haben, um die aktuelle Lebensreise anzutreten, ist den Gesetzen der Vergänglichkeit unterworfen. Ehre ihn, liebe ihn, nähre ihn. Er ist dein Tempel. Er ist genau so geschaffen, wie er sein muss, damit du die besten Bedingungen hast, um das, was du auf dieser Reise lernen willst, zu erfahren.

Er ist wie ein wundervolles Segelschiff, das du für deine aktuelle Erdenreise geschenkt bekommst und in dem dein Gepäck (Karma) gut verstaut ist und nach und nach ausgepackt wird. Doch jede Reise geht einmal zu Ende und jedes Schiff wird einmal ausgemustert oder geht unter und sinkt auf den Meeresgrund.

Der Schatz, den du während deiner Reise geladen hast, der bleibt dir auf zweierlei Weise erhalten: Die Weisheit, die du in diesem Leben erlangt hast, die nimmst du mit nach Hause und wenn du deine nächste Reise antrittst, hast du sie bereits im Gepäck, den unerlösten Groll, den Unrat, den du während der Reise gesammelt hast, allerdings auch. Daher achte bei allem, was du denkst und tust, auf das Prinzip von Ursache und Wirkung.

Diese Karte zeigt eine alte Frau, die im Spiegel sich selbst in verschiedenen Altersstufen sieht. Der Spiegel ist hier als magisches Portal zu verstehen: Die Seele ist immer noch die gleiche, nur der Körper sieht anders aus, und er kann nicht mehr das leisten, wonach sich die Seele sehnt und woran sie sich erinnert.

Alte Menschen schildern oft, wie sehr sie darunter leiden, dass ihre Kinder nicht verstehen, dass zwar ihr Körper gebrechlich geworden ist, ihr Geist und ihre Seele aber nicht; dass sie immer noch gerne aufstehen und eine Nacht durchtanzen würden, Sport machen oder arbeiten würden. Allein, der Körper gibt es nicht mehr her. Und nur weil der Körper nicht mehr jung und schön und voller Lebenskraft ist, wird ihnen keine Wertschätzung und kein Respekt entgegengebracht oder sie werden behandelt, als wären sie dumm. Auch das war nicht immer so, es ist ein Merkmal der Alten Welt und Zeit und wird sich zukünftig wieder ändern.

Versuche, deinen Körper zu lieben, egal, ob er dem Schönheitsideal deiner Zeit entspricht oder nicht. Es hängt nicht daran, wie schön ein Körper ist, ob du Glück, Liebe und Frieden auf dieser Reise findest. Sicher hast du schon Menschen getroffen, deren Körper in deinen Augen hässlich war, und dennoch haben sie so aus sich herausgeschaut, dass sie dir unglaublich schön erschienen und umgekehrt. Unser Körper ist nur ein Kleid. Die Ausstrahlung kommt durch deine Seele und deinen Geist, durch dein *Ich*, dein Bewusstsein, kurz: durch deine Persönlichkeit.

Manchmal kann äußerliche Schönheit auch eine Bürde sein und Unvollkommenheit ein Glück.

Viele von uns, die alles für ihren Körper tun, ihn hegen, pflegen und gut ernähren, werden dennoch krank und empfinden das als ungerecht. Auch hier gilt das gleiche Prinzip: Vielleicht willst du durch diese Krankheit etwas lernen oder Karma aus einem alten Leben abtragen, dann wird sie dich ereilen, egal wie gesund du in diesem Leben lebst oder wie liebevoll du in diesem Leben handelst. Dennoch wird deinem Körper eine gute Pflege nie schaden, sondern ihn und dich in den Themen unterstützen, die gerade anstehen. Das Schicksal deines aktuellen Lebens hängt nicht nur von deinem Handeln in dieser Inkarnation ab, es bildet sich auch durch Handlungen aus vorangegangenen Leben.

Und dann ist da noch der Tod. In den meisten Kulturen unserer Zeit wird der Tod als etwas Furchteinflößendes empfunden, er ist tabu. Die meisten Menschen hetzen sich durchs Leben, in der Sorge etwas zu verpassen. Irgendwann stellen viele fest, dass sie dabei nicht mehr leben, sondern nur noch gestresst sind, und landen im Burn-Out, der geistigen, seelischen und körperlichen Erschöpfung. In Zeiten des Materialismus wird uns suggeriert, dass wir nur dieses eine Leben haben und mit dem Tod des physischen Leibes alles vorbei ist. Wie viel Kraft wird darauf verwendet, sich auf alle erdenkliche Weise vor dem Tod zu schützen, ihn hinauszuzögern oder sich zu versichern, statt das Leben einfach zu leben.

Das war nicht immer so. Vor langer Zeit hat man den Tod verehrt oder gefeiert. Man erinnerte sich noch, dass der Körper nur ein Kleid ist, das man abstreift, wenn man nach Hause geht, ins Nirwana, zum großen Geist, nach Asgard… Man war sogar bereit, für eine Überzeugung, eine gute Sache oder einen anderen Menschen zu sterben. Man wollte einen ehrenvollen Tod sterben, um als Held in Wallhall mit den Göttern zu speisen.

Der Tod beendete für die Mehrheit der Menschen nur die Leidenszeit auf der Erde. In vielen Naturvölkern spüren die Menschen heute noch, wenn ihre Zeit gekommen ist. Dann ziehen sie sich von der Gemeinschaft zurück und verlassen bewusst ihren Körper in der Stille.

Wenn wir also wieder das Wissen in uns erinnern, dass wir nicht Körper, sondern Geistwesen sind, dann brauchen wir auch keine Angst vor dem Tod zu haben.

Wenn du das verinnerlichst, kannst du mit der Vergänglichkeit Frieden schließen. Wieso einem Kleid hinterhertrauern, dem man entwachsen ist? Versöhne dich mit der Vergänglichkeit deines Körpers, denn er ist nur eine Leihgabe von Mutter Erde während deiner Reise, dein Schiff. Im Hafen angekommen, benötigst du es nicht mehr.

Der Mensch ist ein Geistwesen und unsterblich. Die Erfahrung von Krankheit und Tod kann er aber nur in einem vergänglichen Körper machen.

Die physische Vergänglichkeit des Körpers wird uns auf der Karte in Form der alten Frau gezeigt. Der Spiegel aber zeigt uns, dass alle Aspekte unserer Seele aus diesen und vergangenen Leben in der geistigen Welt existieren und du dich mit ihnen wieder verbinden kannst, wenn du heimgehst. Der Aspekt, der sich in diesem Körper, in dieser Welt inkarniert hat, ist nur ein winziger Teil deines ursprünglichen Geistwesens (Über-Ich/Hohes Selbst).

Menschsein heißt nicht, Körper sein. Menschsein heißt, ein freier schöpferischer Geist zu sein. Der Mensch ist in seinem Ursprung ein geistiges Wesen und lebt ewig, denn Raum und Zeit existieren nur in der irdischen Dimension.

Sei dankbar für deinen Körper
und sorge gut für ihn.
Nimm ihn an, wie er ist, in der Gewissheit,
dass er genau so geschaffen ist,
dass er deinem Lebensplan bestmöglich dient.

Friede mit dem Geist

Meditationszeit: Montag am Mittag

Es ist ein Zeichen unserer Epoche, dass wir nie Zeit haben – und das, obwohl wir mehr Hilfsmittel als je zuvor zur Hand haben, die uns Zeit sparen können. Alles, was wir wollen, muss sofort passieren, wir wollen es uns nicht mehr erarbeiten, nicht mehr warten. Wir geben uns keine Zeit mehr für Entwicklung und brennen dabei körperlich, seelisch und geistig aus, in der Angst etwas zu verpassen, weil wir nicht schnell genug sind. Dabei ist es gerade die Entwicklung zur rechten Zeit und im benötigten Zeitraum, die uns zum Menschen macht und von einer Maschine unterscheidet, die auf Knopfdruck Ergebnisse liefert.

Es ist das ewige Gedankenkarussell, das sich unaufhörlich dreht und von außen mit immer neuen Reizen überflutet wird, auf die wir gar nicht mehr reagieren können. Im Multimediazeitalter müssten wir eigentlich 12 Klone haben, um auf allen Kanälen präsent zu sein und nicht vergessen zu werden. So verlieren wir uns in einer von vielen Illusionen, werden immer oberflächlicher in der Kommunikation und immer einsamer, während wir uns genau das Gegenteil einreden auf Grund der beträchtlichen Anzahl unserer Social Media Accounts und Follower.

Der Mensch, der uns im Café gegenübersitzt und den wir treffen wollten, erhält oft den geringsten Anteil unserer Aufmerksamkeit, da wir zu beschäftigt sind, all die Nachrichten zu lesen und zu beantworten, die unaufhörlich hereinkommen, oder nachzuschauen, wie viel Likes unser letzter Post erhalten hat. Unser Körper sitzt zwar dem Freund gegenüber, unser Geist und unsere Seele sind jedoch anderem zugewandt. Die Aufmerksamkeit gehört völlig Fremden, in denen wir die Liebe zu finden hoffen, nach der unsere Seele sich verzehrt, während der, der sie uns tatsächlich geben könnte, vernachlässigt wird.

Lassen wir uns das Wort *anwesend* einmal auf der Zunge zergehen. Als spirituelle Menschen teilen wir in der Regel die Ansicht, dass das Wesen des Menschen aus Körper, Geist und Seele besteht. Eine wahrhaftige und vollkommene Zuwendung kann also nur durch die An-*Wesen*-heit aller dieser Wesensglieder erfolgen und empfangen werden. Erst wenn wir vollkommen *anwesend* sind, bringen wir unserem Gegenüber die Wertschätzung entgegen, die wir selbst so sehr ersehnen.

Genau aus diesem Grunde ist Bewusstseinsarbeit so wichtig: damit uns diese Verhaltensweisen und die Manipulationen dahinter bewusst werden und wir gegensteuern können. Da wir inzwischen das universelle Gesetz kennen, dass Geist Materie erschafft und unsere äußere Realität der Spiegel unserer inneren Realität ist, befinden wir uns heute mit unserem Schaffen im sogenannten Hamsterrad, in dem die meisten sich gefangen und unzufrieden fühlen. Wir *schaffen weg* oder *arbeiten ab*, statt *zu erschaffen*!

Heilung und Erlösung kommt durch Ruhe und Stille. Bring deinen Geist zur Ruhe. Heute dürfen wir wieder lernen, den Fokus unserer Bestrebungen auf den Weg, auf die Entwicklung und auf das Erlernen von Fähigkeiten zu legen, statt nur auf das Anhäufen materieller Güter. Das Ziel ohne Weg zu erreichen, per Knopfdruck, ohne eigene Leistung, ohne Verstehen des *Wie* und das Üben im Tun, bringt uns nicht voran, sondern wirft unsere geistig-seelische Entwicklung zurück. Es hält uns in einer

Täuschung gefangen, fesselt uns und beraubt uns unserer eigenen Kraft. Wir geben die Macht über unser Leben ab an äußere Autoritäten, die für uns und über uns entscheiden und deren Phrasen wir aus Bequemlichkeit kopieren, ohne zu wissen, was sie wirklich bedeuten oder wie sie zustandekamen und ob wir diese Überzeugung teilen. Wir vertrauen künstlicher Intelligenz mehr als uns selbst oder unseren Mitmenschen. Frage dich einmal, wie schnell du eine Äußerung deiner Mitmenschen anzweifelst und wie oft du die Ergebnisse z. B. von ChatGPT hinterfragst oder prüfst.

Mit der Industrialisierung im 19. Jahrhundert verloren wir viele motorische Fähigkeiten, weil uns Maschinen die Fertigung abnehmen (Mechanik und Elektrik). Im 20. Jahrhundert verloren wir durch den Beginn der technologischen Automatisierung (Elektronik) und dem Beginn des Informationszeitalters (Internet) viele soziale Fähigkeiten (Empathie, Mitgefühl). Heute, im 21. Jahrhundert verlieren wir durch Digitalisierung und künstliche Intelligenz die Fähigkeit, selbständig zu denken. Ohne die revolutionären Erleichterungen dieser Erfindungen für unser Leben in Frage zu stellen oder moralisch zu sein, lade ich dich ein, dir einmal die Frage zu stellen, wohin das führt und welche Kraft hier wirkt und mit welchem Ziel.

Ist das wirklich eine lichte Kraft? Ist es eine göttliche Kraft? Ist es die Kraft des Himmelsvaters und der Erdenmutter, die uns frei sehen will? Oder ist es eher eine dunkle Kraft, die uns durch Bequemlichkeit besticht und mit Vergnügen manipuliert, uns letzten Endes jedoch entmündigt und unfähig macht, für uns selbst und für andere zu sorgen. Führt uns diese Kraft nicht immer tiefer in eine Abhängigkeit von wenigen, die die Macht haben, uns alles vorzuschreiben und uns völlig zu beherrschen?

Unterwerfen wir uns hier womöglich, ohne es zu merken, erneut den gleichen Lehnsherren, von denen wir uns einst befreiten?

Aus diesem Grund ist es wichtig, sich Zeit zu nehmen, um zu lernen, unser Denken, Reden und Handeln selbst zu beherrschen, um frei zu bleiben. Nur wenn wir wissen, was wir tun, wie wir es tun und warum oder für wen wir es tun, bestimmen wir unser Leben selbst.

Gier, Ungeduld (Hetze) und Reizüberflutung macht uns zu Sklaven im Kreislauf immer mehr immer schneller haben zu wollen und nichts davon selbst zu erschaffen. Erkenne, wer du bist! Du bist ein kraftvolles geistiges Schöpferwesen, du bist frei!

Nimm dir Zeit innezuhalten und herauszufinden, was du wirklich brauchst, wie viel davon und aus welchem Grund. Nimm dir Zeit, herauszufinden, wen du begleitest und von wem du begleitet werden möchtest. Erkenne die tiefe und unendliche Weisheit in den Worten: »In der Ruhe liegt die Kraft!«

Wenn du diese Worte wirklich verstehst, dann verstehst du, warum Menschen mit zunehmender Weisheit immer weniger brauchen und nie in Eile sind. Das heißt nicht, dass Menschen, die viel besitzen, nicht weise sein können, oder alle, die wenig haben, es wären. Es heißt nur, dass du nicht viel brauchst, um glücklich, zufrieden und weise zu sein, weil alles, was du brauchst, bereits in dir ist.

Viele Menschen können Stille nicht mehr ertragen. Kannst du es? Finde es heraus. Lärm und Aktionismus halten uns davon ab, uns mit uns selbst zu beschäftigen. Frage dich, wer oder was von der pausenlosen Bespaßung unseres Geistes profitiert und warum diesen Kräften daran gelegen ist, dich davon abzuhalten, deine Aufmerksamkeit nach innen zu lenken.

Wer innehält, ist auf sich selbst (sein *Selbst)* gestellt. Er erkennt, was er ist und was er noch nicht ist und damit erkennt er vor allem eines: sein Potential und die Macht, die darin ruht.

Wenn du bereit bist, dich dir selbst zu stellen, ist das der Augenblick, in dem du in deine Schöpferkraft kommst.

Wenn du erkennst, wer du sein kannst, wirst du unweigerlich an den Punkt kommen, zu entscheiden, wer du sein willst und warum. Du wirst immer authentischer werden und findest zurück zu deiner Integrität. Wenn du weißt, wer du bist, kann dich niemand mehr manipulieren, du wirst unangreifbar. Damit wirst du für viele Menschen nutzlos, die nicht an deinem und schon gar nicht am Wohle aller, sondern nur an ihrem Wohl interessiert sind. Lass sie los!

Wenn du in deiner Kraft bist, bist du zufrieden und hast dich angenommen. Menschen, die in ihrer Kraft sind, haben es nicht nötig, andere kleinzumachen oder kleinzuhalten. Sie fördern sich gegenseitig in ihren Talenten und unterstützen sich darin, ihr Potential zu entwickeln.

Menschen, die in sich ruhen, freuen sich mit dir und neiden dir nichts. Sie müssen nicht ständig besser, schneller, schöner, reicher und mächtiger sein als du, um glücklich zu sein. Je mehr Menschen herausfinden, wer sie wirklich sind, desto friedlicher und freudvoller wird die Welt für alle. Dann entsteht Kooperation statt Konkurrenz und Liebe wird bedingungslos und muss nicht durch das Erfüllen von Erwartungen anderer erkauft werden.

Um zur Ruhe zu kommen, brauchen wir Stille. Erkenntnis findet immer in der Stille statt. Niemand wird ein überfülltes Stadion oder ein Oktoberfest aufsuchen, um nachzudenken. Allein sein heißt nicht zwangsläufig, einsam sein. Allein sein zu können, ist kein soziales Defizit, es zeugt von innerer Stärke, und die ist ein Quell sozialer Kraft. Nur wer sich selbst ertragen kann, kann andere tragen und zum Wohle aller tätig sein, egal, ob im öffentlichen Fokus oder im Verborgenen. Lärm lenkt dich ab, er hält dich gebunden, er hält dich gefügig, er erschöpft dich. Nur in der Stille findest du deine Schöpferkraft!

Wage es!
Nimm dir Zeit für Stille
und erkenne, wer du wirklich bist!

Friede mit der Bruderschaft

Meditationszeit: Dienstag am Mittag

Schließe Frieden mit den Verletzungen, die du in deiner Familie erlitten hast, mit den karmischen Themen, die sich von deinen Ahnen auf dich übertragen haben, weil sie von ihnen nicht erlöst werden konnten. Versuche du, sie zu erlösen, so dass alle nachfolgenden Generationen nicht mehr unter ihnen leiden müssen.

Jede Familie, in die du in einem deiner Leben hineingeboren wurdest, hat solche Themen. Wenn wir aufhören, den vergangenen Generationen Schuld zu geben für die Bürden, die sie uns hinterlassen haben, weil wir in Liebe davon ausgehen, dass sie immer ihr Bestes gegeben haben, was ihnen zu jedem Zeitpunkt möglich war, dann können Versöhnung, Vergebung und Erlösung erfolgen.

Sich in diesem Leben mit den Ahnen und dem von ihnen geschaffenen Familienkarma zu versöhnen, heißt, dieses Karma oder einen Teil davon abzulösen, die Seelen unserer Ahnen zu erlösen und unseren Kindern und Kindeskindern mehr Freiheit zu schenken. Nehmen wir den Groll, der in uns wohnt, mit über die Schwelle des Todes in die geistige Welt hinein, so bleiben die unversöhnten, nicht erlösten Themen dem Stamm erhalten und die Aufgabe der Ablösung überträgt sich auf die nachfolgende Generation. Leidensmuster werden sich wiederholen und wiederholen…

Was erlöst wurde, braucht als Lernthema nicht mehr wiederzukehren und öffnet den Raum für neue Möglichkeiten und

Entwicklungen in diesem Stamm. Versöhne dich mit deinen Ahnen, vergib ihnen, so, wie du hoffst, dass auch dir vergeben wird.

Auf dieser Karte sehen wir die Ahnen im Wurzelstock des Baumes, dann im Stamm, den rechten und linken Verzweigungen und zuletzt unsere Generation in der Krone, bis auch wir als reife Früchte und Blätter zur Erde zurückkehren und unsere Taten zum Humus für nachfolgende Generationen werden. Fluch oder Segen, wir haben es in der Hand, was und wie viel davon wir unseren Kindern hinterlassen. Wir haben es also in jedem Leben mit dreierlei Karma zu tun:

- dem individuellen Karma, das wir aus früheren Leben mitbringen,
- dem Karma der Familie, das wir in Form von Zellprogrammierung in unserem Körper in diesem Leben vorfinden
- und dem Karma, das wir in diesem Leben durch unsere Taten neu erschaffen.

Gehen wir in die Liebe und in die Vergebung statt in den Groll und die Schuldzuweisung, so machen wir es nicht nur den nachfolgenden Generationen leichter, sondern auch uns selbst. Dann finden wir im Erbgut der Familien, in die wir wieder inkarnieren, mehr Segen als Fluch.

Wir empfinden unsere Familie als Segen, wenn sie uns in Liebe trägt und fördert. Wer einmal die Zeit hat, die Erzählungen von Eltern, Großeltern oder anderer Verwandtschaft Revue passieren zu lassen, wird Muster in seiner Familie finden, etwa

- wiederkehrende Suchtthemen,
- ein Übergewicht an lieblosen oder besonders glücklichen Ehen,
- eine Häufung von Geschwisterkonkurrenzen oder besonders schönen und engen Geschwisterbindungen,
- eine Neigung zu bestimmten physischen und psychischen Krankheiten oder eine besonders stabile Gesundheit,
- eine Wiederholung bestimmter Schicksalsschläge oder besonderer Glücksfälle und Talente.

Finden wir zu viele nicht erlöste Themen in einem oder beiden Familienstämmen der Gegenwart, empfinden wir unsere Herkunftsfamilie als Bürde. Finden wir wenige nicht erlöste Themen, erleben wir sie als Segen. Das beeinflusst natürlich auch unser eigenes Leben in Bezug auf die Prägungen der Kindheit. Im ersten Fall werden uns diese Themen ein Leben lang unterbewusst belasten und früher oder später an die Oberfläche kommen, um von uns erlöst zu werden. Wenn wir uns dieser Aufgabe verschließen, lähmen diese Themen uns unterschwellig ein Leben lang bei der Entfaltung unserer eigenen Talente und Potentiale. Leisten wir bewusste Erlösungsarbeit, kostet uns das zwar eigene Lebenszeit und -energie, befreit uns aber für die restliche Lebensspanne und eröffnet uns und unseren Nachkommen neue Chancen der Entwicklung.

Sicher kennst du von deinen Eltern oder dir selbst den Satz: »Niemals will ich so werden, wie meine Mutter oder wie mein Vater.« Wenn es bei diesem Empfinden bleibt, ohne dass wir bewusst daran arbeiten, die Ursache zu erkennen und in Liebe zu erlösen, stellen andere irgendwann fest, dass wir im Alter genauso verbittert und voller Groll zurückbleiben, wie wir es nie wollten. Um so wichtiger ist es, sich selbst an die Arbeit zu machen, um die ererbten Familienthemen aus dem Stamm der Mutter oder des Vaters zu heilen. Setze dich dabei nicht unter Druck. Es ist ein Geschenk für alle, dass du überhaupt damit anfängst. Vielleicht bist du ja genau aus diesem Grund in diesem Leben in diese Familie gekommen, damit ein paar wichtige Themen erlöst werden. Ist das nicht ein schöner Gedanke? Hör auf, Schuldige für dein Leid zu suchen, dich als Opfer zu sehen, und beginne, dir selbst und den anderen zu vergeben.

Und, Hand aufs Herz: Jeder von uns weiß, dass uns selbst zu vergeben die weitaus schwierigere Aufgabe ist. Beginne also jetzt, und so wird nach und nach der ganze Familienstamm und der Stamm aller Menschen heilen und die Erde ein neuer Garten Eden werden.

Übe dich in Nachsicht und Vergebung,
dir selbst und deinen Ahnen gegenüber.

Friede mit der Menschheit

Meditationszeit: Mittwoch am Mittag

Verständlicher ist es hier, vom Frieden mit dem Menschsein zu sprechen. Es geht um die Aufgabe, sich mit all den Komponenten zu versöhnen, die uns als Menschen von anderen Wesen im Universum unterscheiden.

Uns wurde der freie Wille geschenkt. Aus diesem freien Willen heraus haben wir entschieden, den Baum der Erkenntnis und des Todes zu wählen, weil wir die Schöpfung, in die wir eingebunden sind, verstehen und selbst Neues erschaffen wollen.

So wurde die Spiegelwelt erschaffen, damit wir erfahren können, was wir wissen wollen, und erkennen, was es bedeutet, Schöpfer zu sein. Die Erdenmutter schenkt uns die Möglichkeiten dazu. Sie stellt uns den Körper zur Verfügung, in dem wir auf ihr, in der Natur und in ihm die Gesetze der Schöpfung erfahren, und erkennen, dass die Freiheit des Schöpfers immer mit der Verantwortung für die Schöpfung und die in ihr lebenden Geschöpfe Hand in Hand geht.

Das Gleichgewicht der Kräfte garantiert das Bestehen des Ganzen. Die Erde ist unser Übungsplatz. Hier dürfen wir durch unsere eigenen Entscheidungen und Handlungen herausfinden, wie wichtig es ist, das Gleichgewicht der Kräfte zu erhalten.

Auf der Erde wirkt die Dualität wie im Kosmos die Polarität. Im Kosmos (geistige Welt) existiert nichts Böses. Das Böse hängt immer mit dem Menschen zusammen. Es wird erschaffen durch egoistische Gedanken und Taten, die das Gleichgewicht in der Natur und zwischen den Menschen stören und so Karma erschaffen, das wieder ausgeglichen werden muss. Wenn wir in unserem irdischen Verständnis von Unrecht sprechen, meinen wir eigentlich Ungleichgewicht, ganz egal, ob dieses Unrecht uns zugefügt wurde oder wir es einem anderen oder der Natur zufügen. Das Recht, das Gesetz, die Einheit und Reinheit des göttlichen Prinzips muss wieder hergestellt werden.

Die Einheit funktioniert nur durch Zusammenklang der Vielfalt, genau wie ein Akkord aus dem Zusammenklang von bestimmten reinen Tönen entsteht. Jeder von uns ist eine Note in der Sinfonie. Wenn wir also uns selbst im anderen erkennen, werden wir immer zum Wohle des anderen handeln.

Gott setzt uns keine Grenzen, er greift aber auch nicht ein. Wir dürfen selbst lernen, was es heißt, Macht zu erringen, zu besitzen, zu halten, zu missbrauchen oder zum Wohle aller einzusetzen. Wir dürfen erfahren, wie wichtig es ist, die selbstgeschaffenen Schatten und Widersacherkräfte zu überwinden. Wir dürfen für unser Handeln Verantwortung übernehmen und die Konsequenzen tragen, daran wachsen oder scheitern – solange, bis wir gelernt haben, dass nur bedingungslose Liebe zum Frieden führt.

Wir dürfen herausfinden, dass, unabhängig von Reue oder Vergebung, unsere Taten Konsequenzen nach sich ziehen, die ausgeglichen werden wollen. Die universellen Gesetze wirken immer objektiv, unabhängig davon, auf welcher Bewusstseinsstufe wir uns gerade befinden. Nichts geht wirklich verloren und nichts kann wirklich neu erschaffen werden, weil alles, was ist, schon immer war und immer sein wird. Das Einzelne bedingt das Ganze und das Ganze erfährt sich durch das Einzelne.

Jesus vermittelt uns diese Botschaft in dem Gleichnis in Matthäus 25,40: »Was ihr dem Geringsten meiner Brüder getan habt, das habt ihr mir getan.« Oder in Matthäus 22,39: »Du sollst deinen Nächsten lieben wie dich selbst.«

Versöhne dich also in aller Ruhe mit deinen Schatten, denn sie sind es, die dich menschlich machen. Sie sind es, die dir zur Erkenntnis verhelfen, sie sind keine Feinde, sondern Freunde. Nur im Ringen zwischen *Gut* und *Böse*, zwischen *Freiheit* und *Versklavung*, zwischen Macht und Verantwortung entwickelt sich unser Bewusstsein vom egoistisch rationalen Bewusstsein zum göttlich schöpferischen Bewusstsein, das uns frei macht. Erst wenn die Gesamtheit aller Menschen dies erfahren, verstanden und erkannt hat, können wir unseren Platz als Engel der Freiheit im Schöpfungsplan Gottes und in der Hierarchie der kosmischen Wesen einnehmen.

Genau das will uns diese Karte zeigen. Die Schatten sind hier durch die Raben symbolisiert. Der Rabe ist ein uraltes Sinnbild für die Transformation des Geistes oder die Gestaltwandlung der Seele. Die zwei Seiten deiner Seele werden durch die junge Frau im weißen Kleid (Reinheit) und den Rabenmann (Unreinheit) dargestellt, die an den Rand des dunklen Waldes treten. Der dunkle Wald ist das Schlachtfeld, auf dem du dich all deinen Begierden, Trieben, Sünden, Irrtümern und Verfehlungen stellst. Denn nur, wenn du diese zu beherrschen lernst, können sie dich nicht mehr beherrschen. Wir sehen einen Menschen, der sich nach innen gewendet, sich seinen Schatten gestellt und sie erlöst hat. Er ist frei, erlöst, rein. Der Sieger über die Schatten, du selbst, führst deine geläuterte Seele in Form des Rabenmeisters zurück ins Licht. Es ist der vielbesungene Weg der Läuterung oder Reinigung, der Heldenreise oder Einweihung, der uns durch die dunkle Nacht der Seele (dunkler Wald) zurück ins Licht führt.

Der erste Schritt auf diesem Weg ist das Erkennen unserer Schatten, das Eingeständnis vor uns selbst, dass auch wir Schatten haben. Dadurch lernen wir Demut. Diese Demut ermöglicht es uns, den Schatten unserer Mitmenschen mit der Gnade zu begegnen, die wir für uns selbst erhoffen.

Der zweite Schritt ist, sich seinen Schatten zu stellen. Das kann sehr schmerzhaft sein, doch sei dir dabei immer bewusst, dass Schmerz zu Erkenntnis führt und Erkenntnis zu Heilung. Schmerz ist also das erste Zeichen von einem beginnenden Heilungsprozess (körperlich wie seelisch), auch wenn uns das auf den ersten Blick paradox erscheint.

Hab keine Angst vor deiner Dunkelheit, sie gehört zum Menschwerden dazu. Ohne die Dunkelheit, das Böse, wie wir es nennen, würden wir den Weg ins Licht nicht finden, denn Licht heißt nichts anderes als wach im Geiste zu sein. Sich der Dunkelheit zu stellen, heißt im Geist zu erwachen. Der dunkle Wald, in dem die Raben in den Bäumen sitzen, ist nur ein Bild für die Nacht, für tiefen Schlaf, für dumpfes Bewusstsein. Daher spricht man in spirituellen Kreisen auch immer vom Erwachen, dem Erwachen des höheren Bewusstseins, des Selbst-Bewusstseins.

Ein wunderschönes Bild dafür ist zum Beispiel das Märchen von Dornröschen, dessen tiefe mystische Bedeutung ich hier nur anreißen kann. Ich lade dich ein, einmal über alle Personen, Orte, Zahlen und Symbole in diesem Märchen nachzudenken. Du wirst dabei erkennen, dass du nicht nur das Dornröschen bist, sondern auch der Prinz, der sich durch den dunklen Wald (die Dornenhecke) kämpft und im Turm (deinem Innern) das Dornröschen (höheres *Ich*/Christuslicht) wachküsst (die Schatten erlöst).

Die Fähigkeit, uns selbst wachzuküssen und wieder in die höheren geistigen Sphären aufzusteigen, wurde uns durch das Christusmysterium von Golgatha geschenkt. Es ist der Grundstein des *Ich*, das uns ermöglicht, als Individuum aus eigener Kraft und in freier Entscheidung in die Einheit zurückzukehren und dieser zu dienen. Durch die bedingungslose Liebe des Prinzen, der sein Königreich verließ, um die Prinzessin zu retten, erwachte nicht nur Dornröschen, sondern das ganze Königreich. *Die böse Fee (das Böse) verschwand und ward nie mehr gesehen, und sie lebten glücklich bis an ihr Lebensende…*

Es ist mir wohl bewusst, dass Worte wie *bedingungslos* und *dienen* heute einen faden Beigeschmack haben und völlig unpopulär sind. Das liegt am Gedankengut des Materialismus, der den Egoismus verherrlicht und dabei immer mehr Menschen erkennen lässt, dass eben dieser Egoismus uns nicht glücklich macht. Im Gegenteil, je egoistischer, kälter und liebloser das Verhalten des Kollektivs wird, desto mehr erkennen wir, dass uns kaum etwas glücklicher und zufriedener macht, als jemandem etwas Gutes zu tun, ihm zu helfen (zu dienen), mit ihm zu teilen, ihm ein Lächeln aufs Gesicht zu zaubern. Er schenkt dir durch seine freudvollen Tränen und durch sein glückliches Strahlen wiederum Freude, Glück und Frieden, die ein Leben lang in dir nachklingen und dich dieses Gefühl erleben lassen, wann immer du die Erinnerung in dir wachrufst.

Bedingungslos heißt, dass man die Freiheit des anderen respektiert und sich selbst die eigene erhält. Es heißt, dass ich als Mensch in dem Sinne handle, wie es zum Wohle aller und zu meinem eigenen Wohl ist. Der Prinz im Märchen hat den Erbanspruch auf sein eigenes Königreich verloren, als er es verließ, um Dornröschen zu retten. Doch am Ende hat er ein größeres

Königreich gewonnen (durch die Heirat mit der Prinzessin). Wir müssen immer die Botschaft hinter den Bildern verstehen lernen.

Sei deinen Schatten dankbar, denn sie sind es, die Entwicklung möglich machen. Stell dich deinen Schatten und vergib dir, wenn du nicht gleich lupenrein aus dem Wald hervortrittst. Niemand kann in unserer Zeit lupenrein sein. Wenn es so wäre, bräuchte er nicht hier zu sein. Wichtig ist nur, dass wir anfangen, unseren Spiegel zu putzen.

Versöhne dich mit deinen Schatten
und löse sie in Liebe auf.
Sie zeigen dir den Weg ins Licht.

4 6 2 1 3 7 5

Friede mit der Weisheit aller Zeiten

Meditationszeit: Donnerstag am Mittag

Hier gilt es Frieden zu schließen mit allen Trennungen und Spaltungen, die die Menschheit im Laufe ihrer Entwicklung erfahren hat und aus denen sich eine Vielzahl unterschiedlicher Kulturen mit ihren Weltanschauungen, Religionen, Wertvorstellungen, und Verhaltensweisen entwickelt hat. All den Hass und die Kriege, die die Menschheit im vorchristlichen Entwicklungszeitraum erschaffen und erlitten hat, gilt es jetzt, im nachchristlichen Zeitraum, zu versöhnen und zu heilen.

Ich möchte hier den Weltenplan Rudolf Steiners als Beispiel anführen, weil er eines der jüngsten geisteswissenschaftlichen Modelle des Schöpfungsplanes ist. An seiner Systematik können wir wunderbar erkennen, dass wir uns als Menschheit aktuell am niederschwingendsten Punkt der Erd- und Menschheitsentwicklung befinden, im Zustand der größten stofflichen Dichte, im Zeitalter des Materialismus. Dieser Weltenplan umfasst im groben sieben große Entwicklungszustände der Erde und der Menschheit, die in sich wiederum in sieben Runden, mit jeweils sieben Zuständen unterteilt sind. In jeden Zustand fallen wiederum sieben Zeitalter, mit jeweils sieben Kulturepochen zu etwa 2.160 Jahren. Aktuell befinden wir uns etwa in der Mitte der 5. Kulturepoche des 5. Zeitalters, im sogenannten Nachatlantischen Zeitalter.

Stellen wir uns hier einen Halbkreis vor, der nach oben offen ist, haben wir links und rechts jeweils drei verschiedene Erdentwicklungsstufen und ganz unten die vierte.

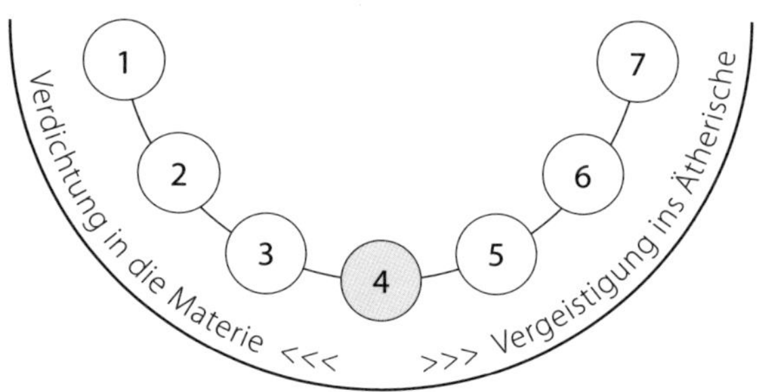

Wir beginnen also jetzt mit dem Aufstieg zurück ins Geistige, das heißt, sowohl unser Körper als auch unser Bewusstsein werden wieder durchlässiger und höherschwingender. Bleiben wir beim geisteswissenschaftlichen System, so entwickeln wir im Moment über das *Ich* unser höchstes Seelenglied, die Bewusstseinsseele, die uns Spiritualität ermöglicht und die Verbindung zu unserem höheren Selbst (Geistselbst) herstellt. Die meisten esoterischen Strömungen sprechen davon, dass in diesem Zeitalter der Verstand wieder vom Herz durchdrungen wird, oder vom Verbinden von Intellekt und Intuition oder des männlichen und weiblichen Prinzips. An dieser Stelle möchte ich darauf nicht näher eingehen. Wichtig ist, dass dieses höhere Bewusstsein es uns möglich macht, die Spaltung in allen Bereichen des menschlichen Daseins aufzulösen und zu heilen, wenn wir es wollen. Jeder von uns muss sich bewusst und frei für den Aufstieg entscheiden.

Am tiefsten Punkt der Trennung von der geistigen Welt kommt es zur Umkehrung und damit beginnt die Zusammenführung aller Gegensätze. Die Menschheit befindet sich aktuell innerhalb der vierten Entwicklungsstufe. Numerologisch steht die Vier für Materie, vollkommene Manifestation. Sie ist die Zahl der Erde, in der mystischen Symbolik dargestellt durch das Quadrat oder den Würfel.

Die Erde selbst als Wesen mit Planetenkörper wird diese Umstülpung oder Transformation zur fünften Entwicklungsstufe im Schöpfungsplan vollziehen, und wir als Menschen können mitziehen oder in der vierten Dimension verbleiben. Es ist unsere freie Entscheidung. Nur wir haben die freie Wahl.

Durch diesen Wandel, diese einmalige große Transformation wird nicht nur ein neues Bewusstsein in uns als Individuum und im Kollektiv entstehen, sondern eine völlig neue Erde. In der Bibel erfahren wir das von mehreren Propheten, wenn sie vom *Neuen Jerusalem* sprechen.

Diese neue Erde sehen wir auf der Karte in Form der alten Erde, die durch das flammende Herz des erwachten spirituellen Menschen gesprengt wird und um die eine neue, größere und lichtere Erde entsteht. Das Symbol des flammenden Herzens finden wir auf vielen religiösen Darstellungen von Jesus Christus.

Wir leben in einer Zeit, in der die Kluft zwischen den Menschen und Völkern überwunden werden kann und aus Zwietracht wieder Eintracht, aus Hass wieder Liebe und aus Kampf wieder Verständigung werden darf. Es wird ein neuer bewusster Bund geschlossen werden, aus eigener Entscheidung in Freiheit, ein Bund der Brüderlichkeit. Das ist es, was Beethoven in der Ode an die Freude vertont hat: *Alle Menschen werden Brüder!* (Nicht geschlechtlich, sondern ideell zu verstehen.)

So, wie wir als Individuum Frieden mit unseren Schatten schließen, so versöhnen wir uns durch den *Frieden mit der*

Weisheit aller Zeiten mit den Schatten des Kollektivs. Das geht nur über die Herzkraft (Christuskraft), über die Liebe. Schaffen wir es, unsere Herzkräfte zu aktivieren und das Christuslicht der Gnade zu entzünden, werden Gegensätze nicht mehr als Gegensätze, sondern als Variationen des Ganzen erkannt. Der Mensch wird niemals Gott sein, aber er kann eine Variation von Gott, ein göttliches Wesen sein.

Auf der Karte sehen wir einen Menschen in einem Kreis von sieben Säulen stehen, die die sieben Kulturepochen des Nachatlantischen Zeitalters nach Steiner repräsentieren. Die Helligkeit der Säulen zeigt die Epochen, die bereits von der Menschheit durchlebt wurden. Die fünfte Säule ist von den lichten Säulen die dunkelste. Sie zeigt die gegenwärtige Kulturepoche, die noch anhält. Die sechste und die siebte Säule liegen noch Tausende von Jahren in der Zukunft und daher noch ganz im Schatten.

Der Zeitpunkt, in dem die Neue Erde vollständig erschaffen sein wird, liegt noch in der Ferne, der Samen zu ihr wird jedoch in unserer Zeit gelegt. Wir alle sind hier, weil wir dabeisein wollten, weil wir an der Versöhnung mitwirken und zur Heilung, zum Wandel beitragen wollten. Keiner von uns ist perfekt, keiner ist frei von Fehlern. Wir alle wussten, dass das nicht einfach wird, und es hat uns nicht abgehalten, uns in diese Zeit zu inkarnieren. Uns allen ist das Risiko bewusst gewesen, dass wir uns in dieser Zeit der größten Verführung verlieren können, und wir haben uns dennoch dafür entschieden.

Lass dich nicht entmutigen, gib nicht auf. Rückschläge sind normal. Diesen Moment des großen Wandels gibt es nur einmal in der Menschheitsgeschichte, nur ein einziges Mal! – Und du darfst dabeisein! Sei dankbar, freue dich und versöhne dich mit den vermeintlichen Gegensätzen, öffne dein Herz ganz weit, zeige Interesse, versuche zu verstehen und schätze die Vielfalt. Lebe den Bund der Kinder des Lichts: Spalte nicht, polarisiere nicht, missioniere nicht. Gott hat jedem die Freiheit geschenkt, sich selbst zu entscheiden.

Sei ein Träger des Lichts.
Lass dein Licht scheinen,
es beleuchtet von selbst,
was sich ihm nähert.

Friede mit dem Reich der Erdenmutter

Meditationszeit: Freitag am Mittag

Versöhne dich mit deinen weiblichen Anteilen. Das Weibliche ist das Hütende, Tröstende, Heilende, Fühlende und Mitfühlende, die Intuition, das Kreative, Passive, sich Ergießende, bedingungslos Liebende, Fördernde, Dienende, das sich schenkende Element. Das Weibliche ist Erde und Wasser, ist Mond. Es ist das Reich der Erdenmutter.

Eine Seele mit mehr weiblichen Anteilen hatte es in Zeitaltern, in denen das männliche Element herrschte, sehr schwer. Das ändert sich gerade, wird aber nur sehr langsam spürbar.

Lebst du gerade ein Leben mit zu vielen weiblichen Seelenelementen, indem du dich ausgenutzt und unterdrückt, gewaltsam beherrscht, überfahren und unfrei fühlst? Versöhne dich damit. Sei dankbar für diese Erfahrungen, denn der Schmerz und die Wut, die sie hinterlassen, helfen dir, das Ungleichgewicht in deiner Seele zu erkennen und die fehlenden männlichen Seelenanteile auszubilden. Du lernst aktiver zu sein und für dich und deine Überzeugungen einzustehen. Das ist keine Frage des körperlichen Geschlechts. Es gibt Frauen, bei denen die männlichen Seelenanteile überwiegen, und Männer, bei denen die weiblichen Seelenanteile überwiegen.

Deine Seelenanteile ins Gleichgewicht zu bringen, fordert dich heraus. Es bedeutet Arbeit. Wenn du diese leistest, wirst du heilen. Nur wer Harmonie und Fülle in sich erschafft, erlebt sie auch im Außen. Wobei hier Fülle nicht mit mehr Kapital zu verwechseln ist, wie es allzu oft auch in spirituellen Kreisen proklamiert und gewünscht wird. Fülle bedeutet im Spirituellen, zufrieden in sich zu sein, Integrität. All das entdecken wir in der Karte *Friede mit dem Reich der Erdenmutter* bzw. mit dem weiblichen Prinzip.

Die Komposition lebt in der Stille und in der (inneren) Fülle, in Frieden und Innigkeit. Alles ruht in sich. Die Grundfarben sind Blau mit Silber, Weiß und Violett. In der inneren Stille liegt eine magische Kraft, die Schöpferkraft der Liebe und Fürsorge, die uns bedingungslos mit allem versorgt, bis wir reif genug sind, es selbst zu tun. Es ist die Kraft der Erdenmutter und ihres Trabanten (Begleiters) des Mondes, die Kraft der Zyklen, der Zeit und Zeiträume, des Werdens, Vergehens, Sterbens und der Wiederkehr; die Kraft, die dem Gegenüber die Möglichkeit und den Freiraum schafft, sich zu entwickeln und zu wachsen. Die Karte zeigt eine Frau im Schwanengewand, in dem sich auch ihr Krafttier verbirgt. Sie steht vor dem Mond auf einem Seerosenblatt in einem ruhigen See. Unter ihrem Federrock behütet sie einen brütenden Schwan, der wiederum gleichzeitig das Innerste der Seerosenblüte darstellt, den Stempel, den Uterus, den fruchtbaren Raum, in dem die Magie der Schöpfung verborgen liegt. Das reine, weiße und edle Wesen des Schwans ist untrennbar mit der Frau verbunden. Es ist ihr Schal, ihr Tuch, ihr Überrock, der Schleier, unter dem sie ihre Magie vor den Blicken und Einflüssen von außen behütet, bis das Behütete reif und stark genug ist, in die Welt zu treten und zu agieren.

Im christlichen Zusammenhang steht der weiße Schwan für göttliche Reinheit, Anmut, Schönheit und Liebe. Er ist ein Sinnbild für die Urmutter, gilt als Bewahrer der göttlichen Tugenden, der Künste und der magischen Schöpferkraft, der Manifestation und Intuition. Er gilt als Sinnbild für Weisheit und Alter.

Nichts auf dem Bild ist in Bewegung. Hier geht es immer um die Kraft des Inneren, die wir nur in der Stille finden. Die weibliche Kraft nimmt nichts und erobert nichts, sie ergießt sich, verschenkt sich, ist ein Zuhause, verlässlich und beständig: so, wie die Seerose sichtbar auf der Oberfläche des Sees treibt und doch fest in seinem Grund verankert ist. Das Wesentliche der Pflanze ist unsichtbar, wir sehen nur ihr äußeres Kleid, ihre Blüte und das Blatt, das die Blüte umgibt.

Was geistig wirkt, zeigt auch Wirkung im Körper. An ihrer Hand trägt die Schwanenfrau einen Silberring mit einem Mondstein. Der Mondstein verstärkt den Einfluss des Mondes auf das weibliche Geschlecht: Er intensiviert das Empfinden, vertieft die Liebe und die Intuition, harmonisiert den Hormonhaushalt und das Lymphsystem, fördert die Fruchtbarkeit und sorgt für seelische Ausgeglichenheit. Silber wiederum verstärkt die Wirkung des Mondsteins. Frauen lieben diesen Stein seit Urzeiten und hoffen auf seine Kräfte bei unerfülltem Kinderwunsch oder Zyklus- und Wechseljahresbeschwerden. Was kaum einer weiß ist, dass seine Kräfte ebenso auf die weiblichen Seelenanteile und den Hormonhaushalt des Mannes wirken und diese verstärken können.

Stehe zu deiner Weiblichkeit. Lebe sie!
In einer Welt, die Jahrtausende lang
unter einer Übermacht des Männlichen gelitten hat,
ist sie die große Heilerin der Zukunft.

Friede mit dem Reich des Himmelsvaters

Meditationszeit: Samstag am Mittag

Versöhne dich mit deinen männlichen Seelenanteilen. Das Männliche steht für die egoistischen, voranstürmenden, erobernden und erschaffenden Kräfte im Außen. Männlichkeit ist Zielerfassung, Aggression und Tatendrang, Kraft, Kampf und Eroberung. Das Männliche ist aktiv, schnell, es ist Verstand, Intellekt und Logik, Rationalität, Analyse und Kontrolle. Das Männliche nimmt, lenkt, fordert, bestraft und belohnt. Das Männliche ist Feuer und Luft, ist Sonne. Das Männliche ist die Kraft des Himmelsvaters.

Führst du gerade ein Leben mit zu viel männlichen Seelenanteilen und fühlst dich oft ausgebremst? Kann es dir nie schnell genug gehen, stehen andere dir nur im Weg, hältst du sie für unfähig, schwach und feige, weil sie nicht wie du ständig nach den Sternen greifen und die Welt erobern wollen? Sei dankbar und versöhne dich damit, denn all die Wut und Frustration, die du verspürst, helfen dir, das Ungleichgewicht deiner Seele zu erkennen und die fehlenden weiblichen Seelenanteile auszubilden. Sie helfen dir, dein Bewusstsein zu entwickeln und deine Seelenanteile wieder ins Gleichgewicht zu bringen. Du lernst, einen Gang herunterzuschalten, zurückzutreten, die Überzeugungen und Wünsche anderer zu respektieren, ihren Wert anzuerkennen und zuzulassen, sie zu fördern. Wären wir alle Könige und Macher, wer sollte uns dienen und unterstützen? Lerne, die vermeintliche Schwäche der anderen als die Stärke und als das Geschenk zu begreifen, das sie für dich sind, und niemand wird dir den Thron und die Führungsrolle absprechen.

Bedenke dabei immer, dass im nächsten Leben die Rollen vertauscht sein können. Trägst du diese Weisheit im Herzen, wirst du ein wahrer König sein.

Die Komposition auf der Karte *Friede mit dem Reich des Himmelsvaters* (mit dem männlichen Prinzip) zeigt uns einen Edelmann mit Degen (schmales Schwert) im Adlergewand vor dem weiten, rauhen Meer. In seinem Rücken geht die Sonne auf. Er will die Welt erobern, und sein Schiff wartet schon auf ihn. Doch bevor er es betritt, stellt er sich noch einmal in Pose, spielerisch sein Schwert zwischen den Fingern. Eine klare Botschaft der Macht, die er für sich auch während seiner Abwesenheit und nach seiner Rückkehr beansprucht. Ein Schwert (oder Degen) ist ein Symbol für das Durchtrennen, das Zerteilen und steht sinnbildlich für die Schärfe der Urteilskraft des männlichen Verstandes. Beides, das Schwert und die Urteilskraft, sind gefährlich und können schnell Unheil anrichten, wenn sie ohne Übung und Weisheit geführt werden.

Begleitet wird der Edelmann von einem Adler, einem Greifvogel, der aus höchster Höhe präzise sein Ziel erfasst und dann blitzschnell hinabstößt, um sich die Beute zu greifen. Der Adler ist der König der Lüfte und auf den höchsten Gipfeln und Bergen zuhause. Im christlichen Zusammenhang ist er ein Symbol für die Kraft und Schnelligkeit der Jugend, steht für Erneuerung in Jesus, Aufbruch, Entschlossenheit und geistige Stärke. Er ist der göttliche Streiter für Gerechtigkeit und Freiheit und eines der vier Gesichter Gottes.

Diese Karte soll (unabhängig vom körperlichen Geschlecht) die männliche Qualität darstellen. Das Bild strotzt vor Kraft (Rot) und Bewegung nach vorn (Gold). Gleichzeitig zeigt sie die Weite der Welt am Horizont des Meeres. Es ist die Schöpferkraft des Himmelsvaters, der das Universum ständig erweitert, in dem alles in Bewegung ist und nach außen strebt.

Rot ist die Farbe des Blutes, des Willens und der Tat. Der Rubin wurde schon in der Antike als das gefrorene Blut der Erde bezeichnet. Als Heilstein ist er geradezu magisch vitalisierend; er spendet Energie und Kraft bis in die Knochen. Er aktiviert die Blutbildung und reguliert den Blutzucker, das Lymphsystem und vieles mehr. Seelisch verhilft er zu mehr Selbstwertgefühl und Selbstverwirklichung.

Gold (Gelb) wird in metallischer Form in der Homöopathie gegen Niedergeschlagenheit und Vitalitätsmangel eingesetzt. Spirituell steht es für Optimismus und geistige Brillanz. Sei dankbar für deine männlichen Seelenanteile. Sie sind dein Antrieb und bewahren dich vor Stillstand.

Eine heilsame und heilende Übung ist es, die Karten *Friede mit dem Reich der Erdenmutter* und *Friede mit dem Reich des Himmelsvaters* einmal nebeneinander vor dich zu stellen und ihre unterschiedlichen Qualitäten zu empfinden. Die Karte, zu der du dich am meisten hingezogen fühlst, zeigt das, was in dir überwiegt. Sei dankbar dafür und beginne mit der Harmonisierung beider Qualitäten. Bedenke, nur im irdischen Leben existiert diese Trennung, dieses Ungleichgewicht, nicht in deiner geistigen Heimat.

Stehe zu deiner Männlichkeit.
Lebe sie!
Sie war und ist der Antrieb für alles,
was wir in der Vergangenheit geschaffen haben,
und für das, was wir in Zukunft erschaffen werden.

Die sieben Engel der geistigen Welt

Bezug: *Geist* | göttlich
Qualität: männlich | elektrisch
Polarität: positiv (+)

Himmelsvater
Engel der Kraft
Engel der Liebe
Engel der Weisheit
Engel des Ewigen Lebens
Engel der schöpferischen Arbeit
Engel des Friedens

Der Himmelsvater

Meditationszeit: Samstag am Abend
Stichworte: Gott, Quelle, Schöpfer, Einheit, Sein
Qualität: aktiv, männlich, elektrisch

Der Himmelsvater ist das *Ich-Bin,* und seine Engel repräsentieren alle ewigen geistigen Qualitäten in ihrer ursprünglichen absoluten Reinheit und damit auch in der absoluten Wahrheit. Es gibt viele Blickwinkel und Meinungen, aber nur eine Wahrheit. 3 + 3 = 6 und wird immer 6 sein. Das ist geistiges Gesetz und kosmische Wahrheit, die sich in der Natur der Erdenmutter als Naturgesetz spiegelt. Von dieser objektiven, wahren Quelle sind wir erdacht und erschaffen worden. Er ist die Quelle, aus der das Licht in den Kosmos ausstrahlt, der Schöpfer der Schöpfung. Der Himmelsvater sendet den Strahl, der die Idee transportiert. Er ist das Ausatmen des Kosmos, das Loslassen, der Pluspol, die Elektrizität, der Blitz, das männliche Prinzip. Er schießt den Pfeil ab, auf dem die Idee fliegt, wie der irdische Vater seinen Sohn in die weite Welt schickt, damit er in der Fremde Erfahrungen sammelt und sich sein Charakter und seine eigene Persönlichkeit formt.

Doch jeder Pfeil braucht ein Ziel, das er trifft, sonst verliert er sich in der Weite des Universums. Diese Möglichkeit schenkt uns die Erdenmutter. Sie schafft die Materie, den Körper, in dem sich die Idee manifestieren, erfahren und entwickeln kann. Nur durch das Zusammenwirken des Gottes mit der Göttin kann das das neue Schöpferwesen, der Mensch, entstehen und die Idee seines Schöpfers erfüllen.

Nach dem Naschen vom Baum der Erkenntnis, der ersten Entscheidung, ist es der Himmelsvater, der uns durch Geburt auf die Erde sendet. Er ist es, der über die ersten drei Stufen der Erdentwicklung in uns gewirkt hat, bis zu dem Zeitpunkt, als Christus, sein Sohn, zu den Menschen auf die Erde herabkam und uns durch das Mysterium von Golgatha aus der Führung des Vaters und seiner Engel entbunden hat.

Jesus Christus säte den Samen des *Ich* in unseren Seelen und schenkte uns so die Möglichkeit, das Ego zu überwinden, wach zu werden und den Abstieg in die uns versklavende Materie zu bremsen.

So wie der Vater den Heiligen Geist auf den Menschen Jesus bei der Jordantaufe herabgesandt hat, durch den Jesus zum Christus wurde, so erhielten wir durch das Mysterium von Golgatha von Jesus Christus den Samen des Heiligen Geistes. Dieser ermöglicht es, unser höheres Bewusstsein zu entwickeln und dadurch das ewige Leben in einem neuen Paradies zurückzuerobern, das wir selbst gestalten.

Dieses Geschenk des Heiligen Geistes ermöglicht es uns, höhere Erkenntnis, Erleuchtung zu erlangen und als ein freies eigenständiges Geistwesen in die Einheit (Ganzheit/Unversehrtheit/Unverdorbenheit/ins Gleichgewicht) zurückzukehren. Das höhere *Ich* ist entwickelt, wenn wir die Polaritäten (Ying/Yang, Weiblich/Männlich) wieder ins Gleichgewicht gebracht und uns in Freiheit, Liebe und Weisheit für den Dienst im Licht entschieden haben. So werden wir von einem Geschöpf zu einem eigenständigen Schöpfer (Wir werden wie der Vater). Heruntergebrochen kann man also sagen: Der Vater ist die Wahrheit, der Sohn ist die Liebe und der Heilige Geist ist das ewige Leben. Der Himmelsvater ist der Ausgangspunkt,

Christus ist die Mitte und die Verbindung und durch den Heiligen Geist können wir den Tod überwinden.

Im ursprünglichen Paradies haben wir als unfreies Geschöpf Gottes die erste Entscheidung getroffen und uns als Menschheit für den Erkenntnisweg entschieden.

Durch den Kreislauf der Inkarnationen auf der Erde sammeln wir durch unsere Taten Erfahrungen als Schöpfer.

Durch diese Erfahrungen entwickeln wir Bewusstsein und treffen in der Zeitenwende (Gegenwart) als freies Individuum die zweite Entscheidung für Freiheit und Verantwortung oder Unfreiheit und Gehorsam. Mit der Entscheidung für die Materie verbleiben wir in der Unfreiheit und werden vom Materialismus versklavt. Wir verlieren unsere menschliche Seele (den göttlichen Funken).

Mit der Entscheidung für das Licht finden wir zur Erkenntnis (Erleuchtung). Diese führt uns ins Schöpferbewusstsein, in eine hochschwingende Dimension der Liebe, ins Neue Paradies. So schließt sich der Kreis der Menschheitsentwicklung vom unbewussten Geschöpf zum bewussten schöpferischen Geistwesen einer neuen vierten Hierarchie. Erst wenn wir das geschafft haben, sind wir wahrhaft Mensch, Engel der Freiheit. Dafür, dass Gott uns die freie Wahl und damit die Möglichkeit zur Freiheit geschenkt hat, können wir ihm gar nicht genug danken.

Sei wie der Himmelsvater.
Nutze deine Macht zum Wohle aller.
Respektiere die Entscheidung deiner Mitmenschen,
sich frei für oder gegen dich zu entscheiden.
Sei ein Vater für die Welt!

Engel der Kraft

Meditationszeit: Sonntag am Abend
Farbe: Rot
Edelstein: Rubin
Gesicht Gottes: Löwe
Irdische Spiegelkraft: Feuer

Bei dieser Bildkomposition geht es um Willenskraft, Tatendrang und Schaffensmut.

Der Engel der Kraft befähigt uns, eine Entscheidung mit Mut und Willensstärke in die Tat umzusetzen. Er zeigt sich in der eurythmischen Geste des Mutes, in dem er das rechte Bein nach vorne stellt und sein Gewicht darauf verlagert. Er ist die Kraft der Manifestation: blutrot, elektrisch aggressiv. Dort, wo die Kraft handelt, dampft der Boden vor Hitze (Schaffenskraft), und an ihrer rechten Seite wandelt der Löwe, das Krafttier der positiven Macht, des Durchsetzungsvermögens und des herzgelenkten Führungswillens. Der geistige Antrieb zur Tat kommt aus der kosmischen Kraft des Mars, der Umsetzungswille aus der Herzkraft des Löwen (eines der vier Gesichter Gottes), der großmütig und gerecht ist. Die Bewegung des Körpers kommt durch die Elektrizität, die alles in Bewegung bringt und wärmt. Die Elektrizität aktiviert die Chakren an unseren Handgelenken und lässt uns mit den Händen tätig werden. Die Kraft des Blutes (Eisen) erdet uns. Was der Geist erdenkt, bringen die Hände in die Form.

Durch unsere Taten erzeugen wir unser Leben und nehmen Einfluss auf das unserer Mitmenschen. Auf diese Weise erschaffen wir unser Schicksal und beeinflussen das der anderen. Wir erschaffen unser Karma und beeinflussen das Karma der anderen. So zeigt uns die Kraft in besonderem Maße, wie sehr der Einzelne mit den Vielen verbunden ist. Wir alle sind eins! Was ich tue, hat immer Auswirkungen auf alle anderen und kommt so auf mannigfaltige Weise irgendwann zu mir zurück. Es liegt also in unserem ureigensten Interesse, unsere Taten so auszurichten, dass sie dem Wohle aller Lebewesen auf der Erde dienen, damit es allen gutgeht und kein negatives Karma mehr aufgebaut wird, das den Weg ins Paradies, ins ewige Leben verlängert.

> »Alles nun, was ihr wollt, das euch die Leute tun sollen, das tut ihnen auch! Das ist das Gesetz und die Propheten.«
>
> *Matthäus, Kapitel 7, Vers 12*

Unter dem Aspekt des Karmas bekommt dieser Grundsatz der Ethik eine ganz andere Dimension. Auf der Karte trägt der Engel der Kraft einen Rubin. Dieser königliche Edelstein steht für Mut, Moral, Dynamik und Entschlossenheit. Er ist einer der stärksten Heilsteine, weil er unsere Wünsche und Sehnsüchte vom Himmel auf die Erde holt, indem er uns das Selbstbewusstsein verleiht, sie in die Tat umzusetzen. Er erhöht unsere Moral und führt unsere Macht in eine achtsame Richtung. Aus diesem Grund war er einst der Stein der Könige und fand sich in jeder Krone. Er verschafft seinem Träger Respekt und Ehrfurcht, weil dieser zum Wohle aller wirkt, die Schwachen stärkt und die Starken anhält, ihre Kraft sinnvoll einzusetzen.

Sei kraftvoll im Denken,
mutig im Wollen
und achtsam im Tun.

Engel der Liebe

Meditationszeit: Montag am Abend
Farben: Rosa, Purpur
Edelstein: Rosenquarz, Diamant
Gesicht Gottes: Mensch (Wassermann)
Irdische Spiegelkraft: Luft

Die Komposition des Engels der Liebe ist an das Märchen Dornröschen angelehnt. Die Liebe steht in einem Turm, umschlossen von einer purpurnen Rosendornenhecke. Sie wartet dort auf uns mit dem Gral in der Hand, über dem ein Diamant schwebt, der edelste, der reinste und ewigste Edelstein, unzerstörbar, der das Licht bricht, in Farben auffächert und tausendfach zurückwirft.

Der Engel der Liebe wird ohne Flügel dargestellt, dafür mit 12 goldenen Sternen um sein Haupt, die die 12 Chakren, Bewusstseinsebenen, Einweihungsstufen symbolisieren, die der verkörperte Mensch heute bereits wieder aktivieren kann. Sind diese Ebenen vollständig zugänglich, ist der Mensch in bewusster Weise mit seinem höheren Selbst oder seinem göttlichen Kern verbunden. Der Engel der Liebe trägt auch einen Schleier, denn wenn wir in unserem Herzen das Dornröschen wachküssen, dann werden wir zur Braut Christi. Der Umhang erinnert uns an die Jungfrau Maria, die Hüterin der reinen bedingungslosen Liebe. Der Goldglitter weist auf unseren Lichtkörper hin, der sich immer stärker ausbildet, je mehr wir das Ego überwinden. Der Lichtkörper ist der Träger unseres Selbst, so wie die Seele der Träger des *Ich* ist. Während seiner Ausbildung werden nach und nach alle Energiezentren (Chakren) geöffnet und aktiviert und die hellen Sinne (Hellsehen, Hellhören, Hellfühlen) ausgebildet.

Du kennst das Märchen von Dornröschen. Die dreizehnte Fee wurde nicht eingeladen, weil das königliche Geschirr nur 12 goldene Teller hatte. Aus Wut und Enttäuschung verfluchte sie Dornröschen und verbannte sie in einen hohen Turm und einen tiefen Schlaf hinter einer Hecke aus Dornen. Das passierte durch einen Tropfen Blut (!). In vielen Märchen beginnt das vermeintliche Unglück mit einem Tropfen Blut (oder mit einem Sturz in einen tiefen Brunnen). Warum? Weil das Blut (oder der Fall) sinnbildlich für die Inkarnation in einen Körper, den Fall aus dem Paradies auf die Erde und damit in Verbindung zum vermeintlich Bösen steht. Die Prinzessin sticht sich an der Spindel, ein Tropfen Blut fällt zur Erde und damit beginnt das Leid und die Trennung, der Schlaf! Ein unglaublich starkes Bild, das es zu enträtseln gilt.

Warum schläft Dornröschen? Weil es in der irdisch materiellen, dichten Dimension von seinem höheren göttlichen Selbst abgeschnitten ist. Wer kann es retten? Nur ein edler Prinz, der aus reinen Beweggründen und selbstloser Liebe handelt!

Viele Prinzen wollten Dornröschen retten, um durch die Heirat ihr Königreich zu gewinnen (Egoismus). Doch nur der eine, der sie retten will, weil ihn ihr Schicksal tief im Herzen dauert, schafft es durch die Dornenhecke (durch selbstlose Liebe).

Nun, wer sind all die toten Prinzen, deren Gebeine zwischen den Dornen hängen? Das sind deine vergangenen Leben. Die Dornen stehen für das Leid und den Schmerz, durch die wir auf der Erde lernen.

Nachdem der Prinz die Dornenhecke überwunden hat, muss er in den Turm gelangen, und dort muss er ganz nach oben, ins Turmzimmer, um sein Dornröschen wachzuküssen und mit ihm glücklich, in Frieden und Liebe zu leben. Diese Bilder sagen uns: Richte den Blick aus reinen, selbstlosen Gründen nach innen. Suche dein Heil und deine Erlösung nicht im Außen, im Egoismus, im Materiellen, im Profit, in den niederen Trieben, sondern sieh in dein Herz, dein Turmzimmer. Die Liebe im Außen ist an Bedingungen und Erwartungen geknüpft. »Ich liebe dich, weil … Ich liebe dich, wenn …«

Kämpfe dich durch die Dornenhecke in den Turm und dann arbeite dich nach oben ins Turmzimmer, zurück zum höheren Bewusstsein, zu der Verbindung mit deinem höheren Selbst, mit der Göttlichkeit.

»Liebe deinen Nächsten wie dich selbst!«

Warum führe ich dieses Gebot Gottes noch einmal an?

Weil es ein weitläufiger Irrtum ist, dass bedingungslose Liebe und selbstlose Liebe das gleiche sind. Selbstliebe ist kein Egoismus, sie ist die Grundlage der bedingungslosen Liebe. Sich selbst zu lieben heißt, sich selbst genauso viel Wertschätzung zu schenken wie den anderen. Es heißt, auf sich selbst zu achten, für sich zu sorgen. Nur wer sich selbst liebt, kann auch andere lieben.

Nur gesunde und stabile Eltern können sich um ihre Kinder kümmern. Wer sich aufopfert und dabei erschöpft und ausbrennt, nützt niemandem.

Wer sein Dornröschen in sich wachküsst, erlangt Weisheit, er versöhnt und vereint das Weibliche und das Männliche in sich, wird erleuchtet und darf Hochzeit feiern. Er begreift den Christusimpuls und gewinnt ein Königreich hinzu.

Wer ist also Dornröschen und wer ist der Prinz? Du bist beides! In dem Moment, in dem du den Christusimpuls wirklich begreifst, erweckst du ihn in dir, integrierst du ihn in dein Denken, Fühlen und Wollen. Du beendest den Bewusstseins-Schlaf, die Nacht und entzündest das Licht in dir; du wirst ein Lichtträger oder Lichtarbeiter. Durch diesen Akt wird das Wasser des Lebens im Heiligen Gral zum Diamanten, der alles überstrahlt und das Licht, die Liebe, tausendfach bricht und zurückwirft. Im Moment des Erwachens kannst du dich aus der Welt der Materie wieder in die Welt des Geistes erheben. Dein Geist wird ein selbständiger Geist, der sich als Geist der Freiheit, als neue kosmische Wesenheit in den Kreis der zwölf integriert. Du erlöst die dreizehnte Fee.

In der Astrologie sprechen wir dabei vom dreizehnten Sternbild, dem Schlangenträger, der uns jahrhundertelang unterschlagen wurde und seit ein paar Jahren immer mehr erinnert wird: die Schlange als Sinnbild des Bösen und der Heilung. Auch dies ein starkes Bild, über das man allein ein ganzes Buch schreiben könnte und über das es sich nachzudenken lohnt. In der Komposition des Engels der Liebe zeigt sich am dreizehnten Stern über dem Haupt des Engels diese Komponente. Der zwölfte und dreizehnte Stern gliedern sich nicht in den Strahlenkranz ein. Der zwölfte Stern steht für den Abschluss des menschlichen Entwicklungszyklus vor dem Christusereignis und der dreizehnte Stern weist auf das, was danach begonnen hat und noch am Entstehen ist.

Liebe ist. Sie erwartet nicht, sie urteilt nicht, sie will nichts, sie braucht nichts, sie wünscht nichts und sie hofft nichts, sie ist einfach. Und wie wir alle wissen, ist das Einfachste oft das Schwerste.

Sei bedingungslos in deiner Liebe.
Liebe deinen Nächsten, wie dich selbst!

Engel der Weisheit

Meditationszeit: Dienstag am Abend
Farben: Blau, Cyan, Weiß
Edelstein: blauer Saphir
Gesicht Gottes: Adler (Skorpion)

»Im Anfang war das Wort, und das Wort war bei Gott und Gott war das Wort.« (Johannes 1:1) Dieses Bibelzitat ist in seiner Übersetzung relativ jung, wurde auf vielfältige Art gedeutet und wird bis heute kontrovers diskutiert. Das Wort steht ursprünglich für Logos, was unserer Zeit gemäß auch mit Sinn, Vernunft, Geist übersetzt wird. Entfernen wir uns einmal von der heute vorherrschenden linguistischen Wissenschaft und beschäftigen uns »geisteswissenschaftlich« mit dem Wort, dann führt es uns unweigerlich zur Weisheit und zur (Sphären-)Musik. In vielen Religionen und dem gehüteten Wissen der Urvölker und ihrer Mythen erfahren wir vom Ur-Ton des Universums, in der Anthroposophie vom Weltengesang. In den Religionen hören wir von Engelschören und dass die Himmel tönen. Auch beim Multitalent Goethe heißt es im »Lobgesang«, der Einleitung des »Prolog im Himmel« aus »Faust. Der Tragödie erster Teil« (1808). »Die Sonne tönt nach alter Weise, in Brudersphären Wettgesang…« Und selbst Albert Einstein sagt: »Alles im Universum besteht aus Schwingung, aus Frequenz.«

Auch die Erde hat ihren eigenen Ton. Wir nennen ihn naturwissenschaftlich die Sinuskurve oder die Schubertfrequenz.

Frequenz ist Geist und Geist schafft Materie. Je niedriger etwas schwingt, desto dichter, fester, unbewegter, starrer wird es. Je höher etwas schwingt, desto bewegter, ätherischer, geistiger, immaterieller wird es. Fazit: Moderne Naturwissenschaft, Religion und altes spirituelles Wissen wachsen heute immer mehr zusammen und versöhnen sich in einer immer größer werdenden Schnittmenge. Ist das nicht wunderbar?

Das OM oder AUM ist der Urton, der Ton des Universums, die Schwingung, die Frequenz, Energie oder der Geist, aus dem alles entstanden ist und weiter entsteht.

Weisheit ist Heiliger Geist. Der Heilige Geist ist das göttliche Ur-Prinzip, das sich in der menschlichen Weisheit spiegelt. Weisheit ist neutral, gelassen, urteilsfrei, voll bedingungsloser Liebe. Weisheit ist Klang, und Klang ist Gesang. Gesang besteht aus Tönen, Töne bilden Laute. Laute bilden Worte und Worte erschaffen Wesen. Wesen erschaffen (auf der Erde) Dinge. In früheren Epochen klang die Sprache der Menschen noch wie Gesang. Sie haben mehr gesungen als gesprochen. Springen wir also wieder zum Anfang des Textes und übersetzen *Wort* mit *Ton*, dann kommen wir der Wahrheit sehr nah. »Im Anfang war der Ton, der Klang.«

Heute sind Sprache und Musik stark verkümmert. Sie haben kaum noch Melodie, fast nur Rhythmus, sie schwingen extrem niedrig und sind all ihrer Magie, ihrer Schöpfer- und Heilkraft beraubt. Weisheit ist in unserer Zeit ein rares Gut, der rationale, teilende, polarisierende, zerlegende Verstand, der Intellekt wird dagegen hochgeschätzt. Das ist das Ergebnis der kosmischen Nacht, der vorchristlichen Zeit. Heute befinden wir uns inmitten der Dämmerung, das Kali Yuga, die eiserne, finstere Epoche geht zu Ende und die Frequenz der Erde und des menschlichen Bewusstseins erhöht sich wieder. Die Zeit des überbordenden männlichen Intellekts, des Verstandes wird abgelöst durch die Zeit der weiblichen Intuition, des Herzens, die uns hilft, das

Gleichgewicht der Kräfte in uns wieder herzustellen. Wenn wir die rechte und die linke Gehirnhälfte wieder gleichberechtigt nutzen, das Denken mit dem Imaginieren durchdringen, Herz und Verstand wieder zusammenwirken, Frau und Mann gleichberechtigt miteinander wirken, dann finden wir zurück zur Weisheit. Die Sonne geht auf am Horizont und bringt uns den kosmischen Tag, das *Goldene* Zeitalter. In Zukunft wird Weisheit nicht mehr rar, sondern normal sein, und werden Frieden und Liebe Hand in Hand gehen. Worte werden wieder klingen, heilen und erschaffen.

Der Engel der Weisheit sitzt in der Karte auf dem Thron in seinem Felsenschloss (Unvergänglichkeit), das durch das Weltall schwebt, denn Weisheit ist unabhängig von Raum und Zeit, sie *ist*. Sie fordert nichts, sie lässt geschehen, sie hält den Raum und die Zeit in der Unendlichkeit. Sie hat keine Absicht und keine Eile. Die Berge und insbesondere die Mineralien in ihnen, die Erze und Kristalle speichern alles Wissen aller Zeiten.

Der Engel der Weisheit trägt die Sternenkrone mit den sieben Sternen des Lebens. Die Zahl Sieben ist in allem veranlagt, in der geistig-seelischen und körperlichen Entwicklung des Menschen und in den sieben irdischen Einweihungsstufen, sieben ursprünglichen Hauptchakren der dritten Dimension (zur Zeit überschneiden sich auf der Erde und im menschlichen Bewusstsein die dritte-, vierte- und fünfte Dimension). Zu ihren Seiten stehen die Leuchter mit dem weißen Feuer des Geistes (Licht aus Kristallen). Sie stehen auch sinnbildlich für die Harmonisierung der Gegensätze von männlich und weiblich, von Alpha und Omega oder von elektrisch und magnetisch und von Sonne und Mond.

Zu den Füßen der Weisheit liegen der weiße und der schwarze Wolf friedlich aneinandergekuschelt. Die Tugenden und die Triebe des Menschen streiten nicht mehr um die Macht über die menschliche Seele. Alle Gegensätze sind wieder zu einer Einheit verschmolzen. Am Körper der Weisheit sehen wir drei Schlösser, für die sie die Schlüssel in Händen hält. Sie befinden sich in der Höhe des Sakralchakras (Solarplexus), des Herzchakras und des Hals- oder Kommunikationschakras, die heute beginnen sich zu verwandeln und die die neuen inneren Organe für den zukünftigen Menschen bilden. Die Weisheit hat die drei Wesensglieder des Menschen (Körper/Seele/Geist) wieder vereint. Sie hat die drei Schlüssel Wahrheit, Liebe und Frieden gefunden und kann mit ihnen die neuen, höheren Organe *erschließen*, die sich auch in feinstofflicher Körperlichkeit im neuen Menschen der neuen Erde entwickeln werden, nach Steiners geisteswissenschaftlichen Weltenplan die fünfte Erde. In der Esoterik die neue Erde der 5. Dimension.

Freuen wir uns alle auf diese Zeit und versuchen wir, schon in diesem Leben so weise wie möglich zu werden. Im Laufe unseres irdischen Lebens sammeln wir Erfahrung und Wissen. Das allein macht uns nicht weise, denn Erfahrung will in Erkenntnis und Wissen in Wahrheit verwandelt werden. Damit Weisheit entsteht, müssen wir die drei magischen Schlüssel finden: Demut, Dankbarkeit und Vertrauen.

Demut öffnet das erste Schloss (Sakralchakra/Sonnengeflecht) und führt uns zu rechtem Handeln (Frieden). Dankbarkeit öffnet das zweite Schloss (Herzchakra/Mitte) und führt uns zu rechtem Empfinden (Liebe). Vertrauen öffnet das dritte Schloss (Halschakra/Schöpfungskraft) und führt uns zum rechten Wort (Freiheit).

Weise zu sein heißt, in Demut die Vollkommenheit der Gesetze Gottes zu erkennen, sie in Dankbarkeit anzunehmen und dem göttlichen Plan zu vertrauen, der uns alle zur Freiheit führen will. Weise zu sein, heißt zu erkennen, dass alles miteinander verbunden ist. Vertrauen heißt loslassen.

Wer Weisheit erlangt, ist frei, geduldig und still. Er ruht in sich, auch wenn die See um ihn tobt. Er ist eine Insel des Friedens, zufrieden. Sein Handeln ist bedächtig (ohne Begierde), sein Empfinden wird von Mitgefühl getragen und sein Wort ist hilfreich. Weise zu sein, bedeutet, dass Denken, Fühlen und Wollen der Liebe entspringen.

Besonders charakteristisch und eines der Organe, die sich bereits verwandeln, ist das Kehlkopf- oder Kommunikationschakra. Es steht für die rechte, von Weisheit und Liebe durchdrungene Sprache, für die heilende und wertschätzende Kommunikation, die jetzt bewusst ergriffen werden muss.

Bei manchen indigenen Völkern wird diese singende heilende Art der Worte noch von einzelnen Menschen erinnert, etwa bei den Aborigines, die sogar Knochenbrüche durch Gesang heilen können. Auch diese unglaubliche, magisch anmutende Fähigkeit, ist im Gegensatz zu ihrer Ursprünglichkeit stark verkümmert. In ferner Zukunft werden wir lernen, die Sprache liebevoll, weise und heilend einzusetzen. Wir werden wieder so zu kommunizieren lernen, dass wir das Gegenüber nicht verletzen und zerstören, demütigen, kleinmachen oder bloßstellen, sondern es dort abholen, wo es steht und mit unseren Worten so unterstützen, dass es in seinen Möglichkeiten gefördert wird, um sein Potential zu erschließen und der Gemeinschaft zur Verfügung zu stellen. Übe dich bereits jetzt darin und wachse über dich hinaus. Sei ein Feuer der Erkenntnis und der Weisheit für dein Gegenüber. Erobere dir die Schlüssel zur Weisheit zurück. Die Sternenkrone steht für das höchste Bewusstsein, dem von selbstloser heilender Liebe durchdrungenen Denken, dem schöpferischen Denken (im Gegensatz zum zerstörerischen und unterdrückenden Machtdenken). Wenn wir weise Gedanken denken, wird unser Körper stark und gesund (Sakralchakra), unser Handeln selbstlos und fördernd (Herzchakra) und unsere Kommunikation inspirierend (Hals-/Kehlkopfchakra). Wenn die menschliche Entwicklung im irdischen Weltenplan abgeschlossen ist, werden unsere Worte voller göttlicher, schöpferischer Magie (Kraft) sein. Das dauert aber noch eine ganze Weile und wird im Zeitrahmen dieser Inkarnation von uns nicht mehr erlebt werden. In dieser Inkarnation gilt es, sich bewusst auf die Suche nach den Schlüsseln zu begeben und den Aufstieg möglichzumachen.

Sei ein Fels in der Brandung.
Handle mit Bedacht, voller Mitgefühl
und sprich nur hilfreiche Worte.
Sei ein Weiser für die Welt!

Engel des Ewigen Lebens

Meditationszeit Mittwoch am Abend.
Farben: Violett, Gold, Weiß
Edelstein: Amethyst
Gesicht Gottes: Stier

Wer kennt nicht das wunderschöne Symbol der liegenden Acht, die in 3D zu einer Sanduhr wird. Auf dieser Karte schwebt der Planet Erde links unten in der Mitte dieser Acht und darüber sehen wir die Hälfte der Schleife des Lebens, die wir in der geistigen Welt verbringen aber noch nicht im Paradies. Das Tor zum Paradies liegt am oberen Ende dieser halben Acht.

Auf der rechten Seite sehen wir eine Seele, die sich auf eine neue Inkarnation auf der Erde zubewegt, die hinabsteigt in die Körperlichkeit. Ganz vorne auf der Karte ist sie der Erde schon so nahe, dass die Engel der Mutter Erde sie an sich binden, sie wird geboren.

Die Zahl vier steht universell für die Erde. Daher wird die Erde auf alten mystischen und alchemistischen Abbildungen und in der heiligen Geometrie immer als Quadrat oder Würfel dargestellt. Auch in der Numerologie steht die Zahl vier als Lebenszahl für das Bauen eines Fundamentes, für die Suche nach materieller Stabilität und geduldiger Entwicklung.

Auf der linken Seite der Karte sehen wir eine Seele, die nach dem Tod zu ihrem geistigen Ursprung zurückkehrt.

Die Seite der Acht, die das Leben auf der Erde repräsentiert, sehen wir auf der Karte nicht, denn es ist ja der Engel des Ewigen Lebens, dem diese Karte gewidmet ist. Wir schauen hier also mit den Augen des höheren Selbstes, nicht mit den Augen des Erdenmenschen, denn der sähe genau die andere Hälfte der Acht, die Lebensspanne einer Inkarnation zwischen Geburt und Tod.

Nur der höchste Eingeweihte erfasst oder sieht die ganze Acht. Wer um das ewige Leben seiner Seele weiß, der hadert nicht mit Vergänglichkeit (Zeit, Krankheit, Alter), der hat keine Angst vor dem Tod. Wer um das ewige Leben weiß, der hat Geduld und keine Eile. Der Engel des Ewigen Lebens steht für die Rückkehr ins Paradies. Wer von ihm weiß, hat seine Entscheidung für das Licht und den Aufstieg getroffen. Er haftet nicht mehr an irdischem Gut, sondern sucht geistige Fülle. Diese Menschen suchen den Weg zurück aus der tiefsten und dichtesten Dunkelheit unserer Zeit ins göttliche Licht, unserer Heimat.

Erkenne deine Unsterblichkeit.
Überwinde die irdische Schwere und verbinde dich mit immer höheren Schwingungen aller Planeten des Kosmos.
Sei ein Licht für die Welt!

Engel der schöpferischen Arbeit

Meditationszeit: Donnerstag am Abend.
Farben: Gelb, Gold-Braun
Edelstein: Bernstein
Sinnbild: Biene, Sonnenblume, Honig

Im Wort *schöpferisch* liegt unser größter Wunsch, unsere tiefste Sehnsucht und das Geheimnis des Friedens mit unserem Erdenleben verborgen. Wer keinem Beruf mehr folgt, sondern seine Berufung lebt, ist mit sich und seinem irdischen Leben im Reinen, im Frieden. Er ist dem Hamsterrad entflohen, hat Sklaverei gegen Freiheit getauscht. In unserer Berufung gehen wir keiner Arbeit mehr nach, die uns erschöpft, ausbeutet und krank macht. Unsere Berufung erfüllt uns mit Freude, erhält uns gesund und macht uns und unsere Umgebung glücklich. Folgen wir unserer Berufung, erschaffen wir in Fleiß, Freiheit und Verantwortung etwas für uns und die Welt. Wir sind Schöpfer und lassen uns nicht erschöpfen, sondern werden vitalisiert durch das, was wir tun. Dann vergeht die Zeit wie im Flug und muss nicht totgeschlagen werden. Dann sind wir wie die Bienen, wir erschaffen etwas und dienen damit der Gemeinschaft und dem Wohl der Gemeinschaft. Dann kommt die Fülle, die Freude, die Gesundheit und der Frieden von ganz allein und das nicht nur für uns, sondern für alle. Wer seine Berufung lebt und schöpferisch arbeitet, der handelt niemals aus Profitgier, sondern immer aus einem hohen moralisch-ethischen Antrieb heraus. Dieser Antrieb kann sich niemals auf Gier begründen, sondern entsteht immer aus einer tiefen Liebe, einem ehrlichen Interesse, einer allumfassenden Verantwortung oder einer heiligen Begeisterung. Wenn wir unserer Berufung folgen, arbeiten wir nie mehr, dann dienen wir.

Die Bienen lehren uns diese schöpferische Arbeit. Sie sind fleißig, sie sind organisiert, sie dienen der Gemeinschaft und damit auch sich selbst, sie übernehmen Verantwortung, arbeiten, nähren und erschaffen unermüdlich für das große Ganze, in dem Wissen ein Teil des Ganzen zu sein. Wenn ihre Königin (bei uns Menschen die Verbindung zu Gott) stirbt, stirbt auch das Volk. Bienen schenken uns den Gesundheit spendenden Honig und sie bestäuben die Pflanzen, sorgen also für den Lebens- und Nahrungskreislauf aller Lebewesen. Sie zerstören nichts und leben als Volk wie ein Organismus. Diesen Organismus der Vielheit in der Einheit sehen wir im Bild der Bienenkönigin oder des Engels der schöpferischen Arbeit. Sein Kleid ist der Bienenkorb, aus dem das Volk zur schöpferischen Arbeit ausschwärmt. Aus seinem Haar wringt der Engel den Honig, der in Fässer tropft, die gesammelt und dann zur Verteilung abtransportiert werden. Der Engel oder die Königin steht in einem Meer aus Sonnenblumen, die für Freude und Gesundheit stehen, für Lebensglück und deren Stempel uns in besonders beeindruckender Weise die heilige Geometrie der Blume des Lebens enthüllt.

Erkenne dein Potential und deine Lebensaufgabe.
Achte darauf, dass alles, was du tust, aufbauend ist
und dich mit Freude und Frieden erfüllt.
Handele aus der Fülle, nicht aus dem Mangel!

Engel des Friedens

Meditationszeit: Freitag am Abend
Farben: Weiß, Rosa, Pfirsichblüte
Edelstein: Diamant
Sinnbild: weiße Taube

Diese Karte führt uns in die Stille. Wer Frieden gefunden hat, ist mit sich und dem Universum im Einklang. Er ist im wahrsten Sinne glückselig, also der weltlichen Realität enthoben.

Der Engel des Friedens auf der Karte zeigt uns das in seiner Körperhaltung und seinem Gesichtsausdruck. Er sitzt im Lotussitz in meditativer Haltung mit geschlossenen Augen auf mittlerer Höhe (zwischen Himmel und Erde). Er hat den Blick und seine ganze Aufmerksamkeit nach innen gerichtet und sich dem Kampf entzogen. Die weltlichen Kämpfe finden auf einer anderen Bewusstseinsstufe statt, die er allenfalls noch wie Schatten um sich herum wahrnimmt und die ihn nicht mehr erreichen.

Frieden ist frei von Wünschen und Begierden, frei von Mangel und Urteil. Um den Engel des Friedens sehen wir die weißrosarote Aura bedingungsloser Liebe, seinen aktiven Lichtkörper. Der Engel der Liebe ist nicht mehr auf die physischen Augen und Ohren oder seine Stimme angewiesen, denn der Frieden schweigt. Er hat alle Antworten auf alle Fragen, denn er ist mit der geistigen Welt verbunden. Diese Verbindung wird durch die weiße Taube angedeutet, die vom Turm auf der Insel herabgeflogen ist und hinter dem Kopf des Engels schwebt und somit zugleich seine Flügel darstellt. Die Taube steht für das Einssein mit dem höheren Selbst, mit den Seelenanteilen, die vor unserer Geburt in der geistigen Welt zurückgeblieben sind, um uns in dieser Inkarnation zu führen und zu lenken, unsere innere Stimme, unser Gewissen, unser Geistführer. Wer im Frieden ist, hat das Christuslicht in sich entzündet und hält es dauerhaft aufrecht. Er hat keinen Zweifel mehr und keine Erwartung.

Das heißt nicht, dass ihm alles egal ist, sondern dass er gelassen ist. Gelassen zu sein, heißt zu wissen, was man ändern kann, und zu wissen, was man hinnehmen muss, weil man es nicht ändern kann. Es heißt zu akzeptieren, dass man andere nicht retten kann, weil jeder nur sich selbst retten kann. Es heißt zu akzeptieren, dass nicht alle Menschen sich für das Licht entscheiden, sondern manche auch für die Dunkelheit. Es heißt, die freie Wahl des Gegenübers zu respektieren und seine eigene Wahl frei zu treffen. Im Frieden zu sein bedeutet, loszulassen und in den Schöpfungsplan Gottes zu vertrauen, auch wenn wir den Sinn hinter vielen Ereignissen noch nicht erkennen.

Die geistige Welt, der Ort der Harmonie, des inneren Gleichgewichts und der Aufhebung der Trennung, wird durch die Insel mit dem Leuchtturm dargestellt. Das Kreuz erinnert an Jesus Christus. Sein Licht weist uns den Weg ins Paradies, nach innen. Denn alles im Außen ist nichts als Illusion. Himmel und Erde liegen in uns selbst verborgen. Wer im Frieden ist und aus dem Frieden handelt, ist beschützt. Er hat keine Angst mehr, keine Wut mehr. Er macht sich keine Sorgen. Er ist vollkommen im Vertrauen.

Die vielen weißen Tauben, die um den Turm flattern, sind ein Hinweis auf die vielen geistigen Helfer, die jedem Menschen zur Seite stehen, sofern er den Kontakt zu ihnen sucht und offen für sie ist. Wir sind nie allein, auch nicht, wenn wir den Frieden noch nicht gefunden haben, nur ist uns das dann nicht bewusst. Wer noch im Unfrieden mit sich und der Welt ist, der ist noch im Zweifel und in der Erwartung. Wer im Frieden ist, ist angekommen und kann den Suchenden ein Halt, ein Ruhepol, ein Wegweiser und ein Leuchtturm sein. Erwarte auf dem Weg zum Frieden nicht zu viel auf einmal von dir. Es ist in Ordnung, wenn du die Energie nicht gleich ewig halten kannst. Es ist wunderbar, wenn du sie ab und zu erreichst und immer öfter ein wenig länger halten kannst. Darüber freue ich mich mit dir. Es ist in Ordnung, noch Erwartungen zu haben und ab und an egoistisch zu sein. Lass uns uns gemeinsam über die Momente, Stunden, Tage, Wochen freuen, an denen du im Frieden bist. Wir sind alle auf dem Weg.

Lass los.
Übe dich darin, hinzunehmen,
was du nicht ändern kannst,
und zu erkennen, was du ändern kannst.
Verbreite Frieden in dieser Welt!

Die vier Gesichter Gottes

Die ersten vier reinen irdischen Kräfte und kosmischen Prinzipien werden in vielen spirituellen Kontexten auch als die vier Gesichter Gottes benannt. Durch die Harmonisierung und Befriedung dieser Kräfte im Bewusstsein des Menschen entstehen je zwei neue Bewusstseinszustände in der Verkörperung.

Irdisch		*Kosmisch*
Erdenmutter	‹—›	Himmelsvater
Engel der Sonne	‹—›	**Engel der Kraft**
Engel des Wassers	‹—›	**Engel der Liebe**
Engel der Luft	‹—›	**Engel der Weisheit**
Engel der Erde	‹—›	**Engel des Ewigen Lebens**
Engel des Lebens	‹—›	Engel der Schöpferischen Arbeit
Engel der Freude	‹—›	Engel des Friedens

Die vier Gesichter Gottes sind die acht Kräfte, die im inkarnierten Menschen wirken. Der Mensch ist erst wirklich Mensch, wenn sich alle acht Kräfte durch sein Denken, Fühlen und Wollen, also seine Taten offenbaren. Dann wird er vollständig gesund, in der Freude sein und schöpferisch zum Wohle aller wirken. Dann ist er sowohl ein Geschöpf Gottes als auch ein freier Schöpfergeist.

Dieses Wissen symbolisierte in den alten, vorchristlichen Mysterien die Sphinx als Wächterin über den Einweihungsweg der Adepten des Tempels.

Sternbild	*Apokalyptisches Tier*	*Körperteil der Sphinx*	*Die Sphinx empfiehlt dir*	*Evangelium*	*Jahreszeit*	*Element*
Wassermann	Mensch	Kopf	Wissen (sei neugierig)	Matthäus	Winter	Luft
Löwe	Löwe	Pranken	Wagen (sei mutig)	Markus	Sommer	Feuer
Stier	Stier	Flanke	Wollen (sei tatkräftig)	Lukas	Frühling	Erde
Skorpion	Adler	Flügel	Schweigen (sei achtsam)	Johannes	Herbst	Wasser

Das Sternbild Skorpion wird auch gerne als Adler mit Skorpionstachel dargestellt (oben Adler, unten Skorpion). Es erinnert damit an das uralte Symbol des Ouroborus, den Kreis aus Schlange (Erde) und Drachen (Himmel, geflügelte Schlange), der symbolisch sowohl die Verwandlung des Menschen durch die Einweihung symbolisiert als auch den ewigen Kreislauf von Geburt, Transformation und Tod.

Dem Menschen, der seine niederen Triebe und den Egoismus überwindet, wachsen Flügel. Er wird also zum Engel, und zwar zu einem freien Engel (freien Geistwesen). In der anthroposophischen Lehre Rudolf Steiners heißt es, dass der Mensch dazu berufen ist, bei der Vollendung des Schöpfungsplanes eine neue (Engels-)Hierarchie zu begründen: die Geister der Freiheit. Denn alle anderen neun Engelschöre der drei vorhandenen Engelshierarchien sind nicht frei, sondern können nur im Sinne Gottes handeln und seinen Willen ausführen.

Was für eine wunderbare Aussicht, dass der Mensch einen zehnten Engelschor begründet, den ersten der vierten Hierarchie. Spinnen wir diesen Gedanken weiter, so ist anzunehmen, dass auch diese Hierarchie in ferner Zukunft aus drei Chören bestehen wird, so dass sich insgesamt 12 verschiedene Geistwesen zu einem Kreis (Reigen) vereinigen. Das erinnert uns an die Kräfte der 12 Archetypen und des Tierkreises und ergibt ein stimmiges Bild. Was für eine herrliche Schöpfung. Was für eine wundervolle Zukunft, in die wir uns hineinentwickeln dürfen, wenn wir es wollen.

Die Engelhierachien und Chöre, wie sie uns aus vielen religiösen und spirituellen Strömungen bekannt sind:

I. Hierarchie Engel

1. Seraphim: Geister der göttlichen All-Liebe
2. Cherubim: Geister der göttlichen Harmonien (des Wortes)
3. Throne: Geister des göttlichen Willens

II. Hierarchie Engel

4. Kyriotetes/Herrschaften: Geister der Weisheit
5. Dynameis/Mächte: Geister der Bewegung
6. Exusiai/Gewalten: Geister der Form

III. Hierarchie Engel

7. Archai/Urengel: Geister der Zeit
8. Archangeloi/Erzengel: Geister der Kulturen (Feuergeister)
9. Angeloi/Engel: Schutzgeister eines Menschen

IV. Hierarchie: Ist noch am Entstehen.

10. Menschen: Geister der Freiheit
11. ...
12. ...

Ich wünsche dir eine Reise voller Wunder!
In Liebe und Dankbarkeit,
Eva.

Danksagung

Meinen allertiefsten Herzensdank an die Engel, die mich immer begleiten und selbst in den dunkelsten Zeiten nicht von meiner Seite wichen. Der alten Eiche, unter der ich als Kind jahrelang Zuflucht fand und die mein Flötenspiel, meine Lieder und meine Geschichten liebevoll ertrug. Ich vermisse dein weises Lächeln.

Meinen Eltern, die mich von der staatlichen Schule nahmen und auf die Waldorfschule gaben, wo meine Seele Nahrung fand und meine »überbordende Fantasie« sich ausleben durfte. Meinem wunderbaren Sohn, der mich liebt, wie ich bin, obwohl er mich für einen »unverbesserlichen Gutmenschen« hält. Immer wenn ich an mir zweifle, bist du es, der an mich glaubt.

Fred Hageneder von Dragon Design für den wundervollen Satz, das professionelle Layout und deine unbändige Geduld mit der »ambitionierten Perfektionistin«, die ich nun mal bin. – Ich wusste ja gar nicht, mit wem ich da sprach.

Zum Schluss gilt mein besonderer Dank meinem Verleger Andreas Lentz, der von meinem Projekt sofort begeistert war, bereit, einem Neuling eine Chance zu geben und der mich in all den Monaten bedingungslos und freundlich unterstützt hat. Die Wertschätzung, mit der du deinen Autoren begegnest, sucht ihresgleichen. Das Buch und Karten in dem Verlag ein Zuhause finden, bei dem ich die Essener Schriften und Meditationen fand, die mein Leben veränderten, macht mich unendlich glücklich.

Über die Autorin

Eva Seith, im August 1967 geboren, spürt seit ihrer Kindheit eine tiefe Verbindung zu unsichtbaren Welten, die sie in Geschichten, Gedichten und Bildern ausdrückt. Seit vier Jahrzehnten beschäftigt sie sich mit verschiedenen spirituellen Lehren. Dabei ist ihr Credo stets Offenheit und Toleranz. Dogmatismus lehnt sie ab und sieht die Freiheit als wertvollstes Gut des Menschen. Sie studierte in Stuttgart die anthroposophische Bewegungskunst Eurythmie und stand auf vielen Bühnen dieser Welt. Ihr Leben erscheint ihr stets als Gradwanderung zwischen zwei Welten, von der sie zu keiner wirklich zu gehören scheint. Sie ist freie Texterin und Autorin und arbeitet hauptberuflich im Marketing.

2015 erschien ihr Debüt, eine mystische Jugendbuch-Trilogie (»Der Schlüssel zum Tor – *Erkenne, wer du bist*«, »Der Sternenring – *Liebe, was du tust*« und »Der Wirbel der Angst – *Folge deinem Herzen*«) zuerst im Selfpublishing und war so erfolgreich, dass sie 2016 vom Deutschen Kulturzentrum Hermannstadt zu einer Lesereise eingeladen wurde, die vom Goetheinstitut und der Bundesregierung gefördert wurde. Seit 2017 erscheinen die Bücher im Talawah Verlag, Berlin. Zwei weitere Jugendromane sind im Entstehen.

Seit Januar 2024 folgt Eva öffentlich ihrer Berufung auf KÜSS DICH FREI (kuessdichfrei.de), einem Blog für Bewusstseinsentwicklung und Spiritualität, auf dem sie ihren Weg und ihr Wissen teilt. Eva ist Mutter eines erwachsenen Sohnes und lebt am Fuße der schwäbischen Alb.

»Die Essener Engel – Bewusstseinsarbeit mit den Essener Meditationen« ist ihr erstes Buch zur Bewusstseinsentwicklung und ihr Debut als digitale Künstlerin.

WEITERE TITEL BEI NEUE ERDE

Geheime Quellen des Christentums

Diese Texte sind Grundlage des Christentums und können jeden Suchenden zu den Wurzeln dieses Glaubens führen.

Das erste Buch der Essener-Schriften offenbart, dass Jesus, der Essener, die Wirkung der Kräfte der Natur zur Heilung des Menschen kannte.

Edmund B. Székely
Das Friedensevangelium der Essener
Schriften der Essener Band 1
Klappenbroschur, 80 Seiten
ISBN 978-3-89060-127-4

Die esoterischen Lehren Moses

Dieses bedeutende außerbiblische Evangelium der Essener-Bruderschaft enthält die esoterischen Lehren von Moses, die ursprüngliche Fassung der Bergpredigt, die Offenbarungen des Johannes und das Johannes-Evangelium in seiner Urfassung.

Edmund B. Székely
Die unbekannten Schriften der Essener
Schriften der Essener Band 2
Klappenbroschur, 110 Seiten
ISBN 978-3-89060-128-1

Hymnen an die Engel

Das dritte Buch der Essener mit seinen Meditationen, Kontemplationen, Prophezeiungen und Hymnen an die Engel, die aus der lange verborgenen, weisen Bibliothek der Essener-Bruderschaft stammen, vermitteln bedeutende Einblicke in das Wesen der geistigen Welt.

Edmund B. Székely
Die verlorenen Schriftrollen der Essener
Schriften der Essener Band 3
Klappenbroschur, 110 Seiten
ISBN 978-3-89060-129-8

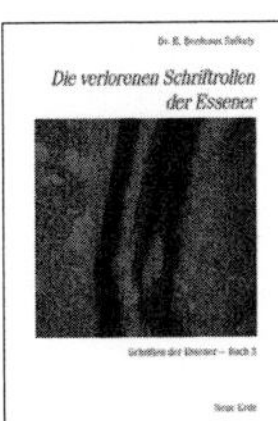

Jesus über die Geheimnisse der Engel

In diesen einzigartigen Texten aus dem geheimen Archiv des Vatikans, die Dr. Székely der Welt zugänglich gemacht hat, sprechen Jesus und andere Meister über die Geheimnisse der Engel, des Lichts, der Klänge und einer das ganze Leben währenden Gesundheit.

Edmund B. Székely
Das geheime Evangelium der Essener
Schriften der Essener Band 4
Klappenbroschur, 117 Seiten
ISBN 978-3-89060-130-4

Praktische Anleitungen

Die Essener-Bruderschaft wussten ganz genau, wie sie die Kräfte der Natur und des Geistes, die sie als Engel bezeichneten, in sich aufnehmen und sich ihrer bewusst bleiben konnten. Sie verstanden es, diese Kräfte in ihre täglichen Handlungen einzubinden.

Edmund B. Székely
Die Lehren der Essener
Essener Meditationen
Klappenbroschur, 133 Seiten
ISBN 978-3-89060-131-1

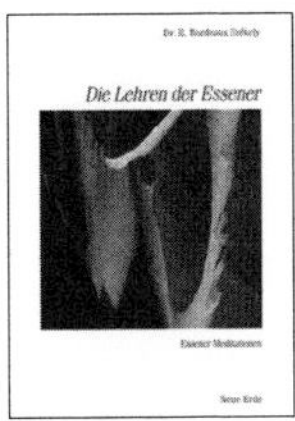

Das Übungsbuch für jeden Tag

Das tägliche Leben der Essener war geprägt von Rhythmus und Ordnung. Der Morgen begann mit der Kommunion mit den irdischen Kräften, den Engeln der Mutter Erde. Die Mittagsbetrachtungen bezogen sich auf den Frieden. Die Abendkommunion war den kosmischen Kräften gewidmet, die Verbindung mit den Engeln des Himmlischen Vaters. Die insgesamt vierzehn Kommunionen während der sieben Wochentage und die täglichen Friedensbetrachtungen sind für den Menschen der heutigen Zeit eine Möglichkeit, wieder zu sich selbst und zurück zu seinem göttlichen Ursprung zu finden.

Dr. E. Bordeaux Székely
Die Meditationen der Essener
Das Praxisbuch für jeden Tag
Klappenbroschur, 144 Seiten
ISBN 978-3-89060-644-6

Meditationen für jeden Tag der Woche

Es gibt in den Essener-Schriften Gebete, Anrufungen oder Meditationen für jeden der sieben Tage der Woche, jeweils für den Morgen, den Mittag und den Abend. Diesen 21 Meditationen hat Elisabeth Gorter ihre eigenen Worte verliehen, kraftvoll und klar, ein Geschenk für alle, die sich durch tägliches Meditieren auf das Eine Gesetz einschwingen wollen.

Elisabeth Gorter
Essener-Meditationen für jeden Tag
Paperback, 128 Seiten
ISBN 978-3-89060-725-2

Orte der Kraft ganz nah

Es gibt Orte auf unserer Erde mit einer starken Ausstrahlung, die uns Menschen schon immer besonders angezogen haben. Oft sind es alte spirituelle Plätze, heilende Quellen und Wasserfälle, geheimnisvolle Höhlen, mystische Seen, erhabene Berge und alte, machtvolle Bäume. Wir spüren dort Ehrfurcht, Staunen und Respekt – und sogar etwas wie die Anwesenheit von Engeln. Es sind subtile Orte voller Kraft, die Ines Blersch auf unnachahmliche Weise eingefangen hat und in diesem Kartenset für uns zur Wirkung bringt.

Ines Blersch
Kraftplätze der Engel
Wege des Lichts – Wer Hilfe sucht, wird Hilfe finden
Heft 24 Seiten, 31 Karten in Magnetklappbox
ISBN 978-3-89060-823-5

Den Bäumen lauschen

Auf 36 Karten finden sich die Genien, die Engel der Bäume, in eindrucksvollen Darstellungen, und in dem beiliegenden Buch werden ihr Wesen erläutert und ihre Orakelaussage auf den Punkt gebracht. Das Baum-Engel-Orakel lädt zu inspirierenden Meditationen ein und lässt die Bäume zu uns sprechen.

Fred Hageneder, Anne Heng
Das Baum-Engel-Orakel
Der uralte Pfad in den heiligen Hain
Paperback, 160 Seiten, 36 farbige Karten
ISBN 978-3-89060-764-1

Hier kann man sich zum
Neue Erde-Newsletter anmelden:
newsletter.neueerde.de/anmeldung

NEUE ERDE im Buchhandel

Neue Erde ist ein kleiner unabhängiger Verlag, und der unabhängige Buchhandel ist unser natürlicher Partner. Wir unterstützen die Initiative »buy local«.

Sollte es Lieferschwierigkeiten bei den Büchern von NEUE ERDE geben, lassen Sie immer im VLB (Verzeichnis lieferbarer Bücher) nachsehen, im Internet unter **www.buchhandel.de**

Alle lieferbaren Titel des Verlags sind für den Buchhandel verfügbar.

Sie finden unsere Bücher auch auf unserer Homepage **neue-erde.de** oder in unserem Gesamtverzeichnis, welches Sie gerne hier anfordern können:

NEUE ERDE GmbH
Cecilienstr. 29 · 66111 Saarbrücken
info@neue-erde.de

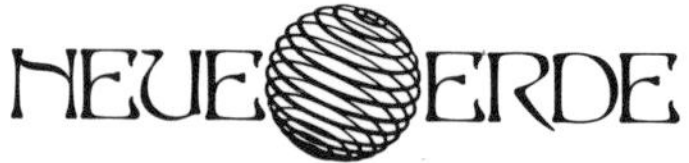